Soledad redimida

Libros de Lydia Brownback publicados por Portavoz

Mujeres sabias: Enseñanzas del libro de Proverbios para la vida diaria

Soledad redimida: Nunca estás realmente sola, Dios está contigo siempre.

Soledad redimida

NUNCA ESTÁS REALMENTE SOLA,
DIOS ESTÁ CONTIGO SIEMPRE.

LYDIA BROWNBACK

EDITORIAL
PORTAVOZ

La misión de *Editorial Portavoz* consiste en desarrollar y distribuir productos de calidad —con integridad y excelencia—, desde una perspectiva bíblica y confiable, que animen a las personas a conocer y servir a Jesucristo.

Título del original: *Finding God in My Loneliness,* © 2017 por Lydia Brownback y publicado por Crossway, un ministerio editorial de Good News Publishers, Wheaton, IL 60187, U.S.A. Traducido con permiso. Todos los derechos reservados.

Edición en castellano: *Soledad redimida* © 2024 por Editorial Portavoz, filial de Kregel Inc., Grand Rapids, Michigan 49505. Traducido con permiso. Todos los derechos reservados. Publicado por acuerdo con Crossway.

Traducción: Rosa Pugliese

Las cursivas en los versículos bíblicos son énfasis de la autora.

EDITORIAL PORTAVOZ
2450 Oak Industrial Drive NE
Grand Rapids, MI 49505 USA
Visítenos en: www.portavoz.com

ISBN 978-0-8254-5055-6 (rústica)
ISBN 978-0-8254-7172-8 (Kindle)
ISBN 978-0-8254-7173-5 (epub)

1 2 3 4 5 edición / año 33 32 31 30 29 28 27 26 25 24

Impreso en los Estados Unidos de América
Printed in the United States of America

Con gratitud a Dios
por
las mujeres especiales del
Estudio bíblico femenino de Cazenovia,
que animaron mi alma los jueves por la mañana.

Y

por
Elisabeth Elliot (1926-2015)

CONTENIDO

De cierto, de cierto os digo, que si el grano de trigo
no cae en la tierra y muere, queda solo;
pero si muere, lleva mucho fruto.

Juan 12:24

INTRODUCCIÓN

¿POR QUÉ NOS SENTIMOS SOLAS?

La nevada imprevista unió al vecindario mientras trabajábamos para despejar la nieve de los autos y las aceras antes del anochecer de principios de diciembre.

—¡Parece que ya llegó el invierno! —le dije a mi vecina.

—¡Sí, ya llegó! —respondió ella—. Y llegó en el momento oportuno. Después de la cena vamos a hacer chocolate caliente y decorar el árbol de Navidad. Los niños están muy entusiasmados.

Mientras imaginaba allí su feliz escena familiar, de repente quedé sepultada bajo una avalancha de abrumadora soledad. Por primera vez, decidí no comprar un árbol de Navidad ese año. La idea de no tener a nadie con quien desenvolver cada adorno cargado de recuerdos, que había estado hibernando, era demasiado deprimente. Una conversación informal fue todo lo que desencadenó ese sentimiento.

Algunas Navidades más tarde, decidida a tener el tipo de diversión festiva que disfrutaba mi vecina con su familia, invité a algunas amigas a mi casa para la ceremonia del árbol de Navidad. Una amiga estaba especialmente entusiasmada, y le pregunté:

—¿Qué te alegra tanto de venir a mi casa cuando tienes tu propio árbol para decorar y un esposo e hijos que pueden hacerlo contigo?

—Déjame explicarte cómo es *eso* —respondió ella—. Acordamos un día en el que vamos a decorar nuestro árbol de Navidad. Preparo un refresco y música navideña, y coloco todos los adornos sobre la mesa. Y cuando estoy lista, todos entran; pero cinco minutos más tarde, se distraen con las llamadas telefónicas, los mensajes de texto o cualquier otra cosa, así que toman una galleta y desaparecen. Termino decorando el árbol sola todos los años.

¡Qué revelador fue eso! Esas imágenes de la vida de los demás que nos vienen a la mente o que vemos en las redes sociales rara vez son la realidad. Detrás de las sonrisas, los elogios y las imágenes de diversión familiar se encuentran todas las cosas normales de la vida de todos: angustia, rechazo, ansiedad y soledad.

Todas las personas, solteras o casadas, jóvenes o viejas, hombre o mujer, todos experimentan soledad en distintos momentos y en diversos grados. Nadie está exento. Fuimos creados para tener compañerismo, por eso, incluso antes de la caída, Dios declaró que la soledad del hombre no era buena (Gn. 2:18). E inmediatamente después de su declaración, creó el matrimonio. Sin embargo, el matrimonio nunca tuvo la intención de ser el último y eterno remedio para la soledad. Por ello, las personas solteras no están condenadas en ese sentido. Dios creó al ser humano con la capacidad de estar solos para que anheláramos y encontráramos nuestro todo en Él:

> En Génesis 2, Dios establece el matrimonio entre un hombre y una mujer como otro aspecto de su diseño para nuestra soledad. Sin embargo, nunca diseñó el matrimonio para llenar el vacío de aquello que nos falta o erradicar la soledad. Más bien, revela mucho más nuestra necesidad de llegar a nuestro destino final: tener comunión con Él.[1]

---

1. Christopher West, citado en Gary Barnes y Darrell L. Bock, "5 Myths and Truths in Loneliness" (21 de agosto de 2015), consultado el 24 de agosto de 2015, http://www.thegospelcoalition.org/article /5-myths-and-truths-in loneliness.

En otras palabras, la soledad es un indicador de que nos falta algo y es algo que se encuentra solo en Jesucristo. Él completa lo que falta, eso que identificamos como "soledad", comenzando desde el momento en que nos unimos a Él en la fe y cuando nos completará en la gloria. Es decir, la razón principal por la que nos sentimos solas es que aún no hemos llegado a nuestro destino final. Dios nos creó para tener comunión con Él y, por lo tanto, la soledad será erradicada por completo solo cuando lleguemos al cielo. Por eso es que todos, jóvenes o viejos, solteros o casados, experimentan soledad. Nadie está exento.

Dicho esto, la soledad que sentimos y las circunstancias que nos hacen conscientes de ello surgen debido al pecado del hombre en el huerto del Edén. La soledad que experimentamos es consecuencia del pecado, y lo ha sido desde que Adán y Eva desobedecieron a Dios. La pareja se escondió de Dios después de comer del árbol prohibido, y ahí fue también cuando comenzaron a esconderse el uno del otro. La soledad comenzó en el huerto.

Hagamos una distinción importante desde el comienzo de este libro: hay una diferencia entre la *soledad* y *estar solo*. A veces, la *soledad* y *estar solo* se superponen, y una cosa puede generar la otra, pero no son lo mismo. Algunas de las personas más solitarias viven entre muchas personas, mientras que otras personas pueden vivir cada día con un contacto humano limitado sin sentir ninguna carencia. ¿Por qué sucede eso? ¿Qué marca la diferencia? Pensar detenidamente en estas cosas nos ayuda a desarrollar una comprensión más profunda de nosotras mismas, de nuestra familia y nuestras amistades y de nuestro Señor.

La soledad está en todas partes, pero no hablamos de ella con demasiada frecuencia. Tal vez sea porque nos hemos acostumbrado tanto a su peso opresivo que hemos perdido conciencia de ella por completo. Sí, algo parece estar mal, pero lo atribuimos al clima o al estrés *del día*, y tratamos de deshacernos de ese sentimiento con una buena cena o una noche de fiesta en la ciudad. Sin embargo, vuelve a aparecer a la mañana siguiente.

El alivio llega solo cuando reconocemos nuestra soledad y acudimos a Dios y su Palabra en busca de la ayuda y la comprensión que necesitamos. Hacia allí pretende llevarnos este libro.

Comenzaremos por formularnos, y luego buscaremos responder, una pregunta básica: *¿Por qué nos sentimos solas?* Y luego veremos que el mejor remedio para la soledad en esta vida se encuentra en algo que dijo Jesús: "El que halla su vida, la perderá; y el que pierde su vida por causa de mí, la hallará" (Mt. 10:39).

También veremos cómo Dios obra en y a través de la soledad en la vida de su pueblo. Desde los patriarcas de Génesis hasta el día de hoy, veremos que la soledad no es algo que temer, sino algo que Dios redime. En las Escrituras descubrimos que Dios está presente en nuestra soledad. Él está ahí en momentos de dolor y en momentos de desánimo. Él está ahí cuando otros nos abandonan y cuando nuestras esperanzas se ven frustradas. Él nunca nos deja, ni siquiera cuando la soledad es el resultado de nuestro pecado y nuestras malas decisiones.

Al final, veremos que aquellos que pertenecen a Dios a través de Cristo Jesús nunca están realmente solos y, gracias a esta verdad, la soledad no tiene por qué caracterizarnos. ¿No es un alivio? Mientras me acompañas a estudiar este tema tan difícil, oro para que todas lleguemos a una comprensión más cabal de quién es Dios para nosotras en Cristo nuestro Señor.

PARTE 1

SOLEDAD CONSOLIDADA

De todo tesoro terrenal,
Jesús mi gozo es,
y mi don celestial.
De toda vana gloria
no lo es para mí su historia
que se cuenta con intriga,
vergüenza o cruz, dolor o pérdida,
jamás me harán dudar de mi Salvador
que se ha dignado en mostrarme su amor.

De este mundo, el mal
engañarme no podrá,
su súplica vana es.
El pecado que me cegara una vez,
aléjate de mí,
no vuelvas a venir.
Orgullo y poder, tu hora ya pasó;
de la vida de pecado, ahora libre soy,
desde ahora y para siempre. Amén.

Johann Franck,
"Jesús, tesoro invaluable"

CAPÍTULO 1

ATESORAR EL TESORO EQUIVOCADO

“Parece que no puedo hacer que mi vida funcione —se quejó Lanie con su amiga—. Llevo años intentándolo, pero no encuentro lo que busco”.

Y es verdad. Durante la última década, Lanie ha comenzado su vida de nuevo, tres veces en tres estados diferentes: nuevo trabajo, nueva iglesia, nuevos amigos, nuevo hogar. Sus seres queridos bien intencionados le dicen que lo que le falta es un esposo. Todo lo que necesita, dicen, es un hombre a quien amar y con quien establecerse; pero Lanie ha tenido oportunidades de casarse, así que en su caso no es así.

Lanie no puede explicar qué es exactamente lo que no funciona en su vida, aunque hay un claro patrón. Después de estar unos años en un lugar en particular, tiene la sensación de que le falta algo y comienza a inquietarse; entonces, en un intento por obtener ese algo que le falta, vuelve a empezar todo de nuevo. El patrón se ha convertido en un ciclo, un círculo vicioso, porque adonde quiera que vaya, inevitablemente le falta algo. Lanie no relaciona esa cosa que le falta con la soledad, pero está ahí y se suma al vicio del ciclo. Cada vez que se desarraiga, intensifica su soledad.

Entonces, ¿cuál es el problema principal de Lanie y cuál es su verdadera necesidad?

La soledad de la libertad

Una de las principales causas de la soledad de Lanie es, sorprendentemente, la libertad. Nunca antes ha sido más fácil para las mujeres recoger sus cosas y marcharse. Las mujeres de hoy están bien preparadas; tenemos inversiones financieras, modernos medios de transporte y la sabiduría que da la calle. Sin embargo, el hecho es que tanta libertad puede aumentar nuestra soledad. Hoy día, puesto que ya no tenemos que quedarnos en un mismo lugar y vivir con las personas que también se quedan en ese mismo lugar, no hacemos compromisos. Después de todo, ¿por qué comprometerse si no es necesario? ¿Por qué correr el riesgo de quedarnos atrapadas en circunstancias indeseables y tal vez perdernos la satisfacción que podemos llegar a encontrar en la próxima parada de nuestro camino? Pero, esta visión de la libertad, la que hoy nos inculcan de todas partes, en realidad nos roba exactamente lo que promete. En épocas anteriores, cuando había menos libertad, las personas se comprometían —con un matrimonio, un trabajo, un lugar— porque no tenían otras opciones. Y, si investigas un poco, es probable que descubras entre los círculos sociales que la soledad era menos pronunciada entonces, cuando las personas se comprometían por el simple hecho de que sus opciones eran muy limitadas.

Hoy podemos seguir muy fácilmente lo que Barry Cooper llama el "dios de las opciones abiertas". Cooper escribe:

> El dios de las opciones abiertas es un dios cruel y vengativo, que te romperá el corazón. No dejará que nadie se acerque demasiado, pero, al mismo tiempo, debido a que es tan rencoroso, no dejará que nadie se aleje demasiado porque eso significaría que ya no son una opción. Una y otra vez

insiste en su intento agotador, frustrante, confuso e interminable de acercarse y luego alejarse, como la marea en una playa, finalmente, sin comprometerse en un sentido o en el otro. Hemos sido como la persona hambrienta, sentada en un buffet donde la comida es libre, que se muere solo porque no sabe si elegir entre el pollo y los camarones. El dios de las opciones abiertas también es mentiroso. Te promete que, si mantienes tus opciones abiertas, puedes tener todas las cosas y las personas que quieres; pero, al final, no tienes nada ni a nadie.[1]

Hallar nuestra vida

Este tipo de cosas, definitivamente, ha contribuido a la soledad de Lanie, pero la raíz de eso es aún más simple. Analiza detenidamente la frase predominante de Lanie: "Parece que no puedo hacer que mi vida funcione". ¿En quién está focalizada? ¿Para quién vive? Todo está a la vista: Lanie ha estado viviendo para Lanie. Ahora bien, ¿somos tú y yo tan diferentes a ella? La soledad crónica y una sensación de inquietud constante pueden ser indicios de que nos parecemos más a Lanie de lo que creemos. Nosotras, al igual que Lanie, necesitamos ver que cada vez que nuestra principal búsqueda es la realización personal, seguramente no la alcanzaremos. Por el contrario, si buscamos a Cristo por sobre todas las cosas, encontraremos aquello por lo que hemos estado inquietas todo el tiempo. Pensar solo en nosotras mismas engendra soledad; renunciar a nosotras mismas engendra plenitud. A eso se refería Jesús cuando dijo: "el que no toma su cruz y sigue en pos de mí, no es digno de mí. El que halla su vida, la perderá; y el que pierde su vida por causa de mí, la hallará" (Mt. 10:38-39).

Pensar en nosotras mismas conduce a la pérdida de la vida real, y nuestra experiencia de esta pérdida es a menudo la que definimos como "algo que nos falta". Es lo que nos lleva a una búsqueda

---

1. Barry Cooper, "The Problem of Your Choices", sitio web de Desiring God (5 de febrero de 2015), consultado el 27 de agosto de 2015, http://www.desiringgod.org/articles/the-problem-of-your-choices.

perpetua de la próxima cosa. Para muchas de nosotras, esa próxima cosa parece estar en el ámbito relacional. Las mujeres solteras quieren casarse. Las mujeres casadas quieren un matrimonio mejor. Las mujeres sin hijos quieren ser madres. Las madres quieren hijos más felices. Las mujeres con el nido vacío quieren nietos. Para otras mujeres, esa próxima cosa se trata más de obtener un gran logro o conseguir un trabajo más importante. No hay nada de malo con estos deseos: hemos sido diseñadas para desear tales cosas. Sin embargo, al mismo tiempo, si vivimos para obtener tales cosas, seguramente las encontraremos huecas cuando las consigamos.

Pensar solo en nosotras mismas
engendra soledad;
renunciar a nosotras mismas
engendra plenitud.

Presta atención otra vez a las palabras de Jesús: "el que pierde su vida por causa de mí, la hallará". Les está diciendo a los discípulos que seguirlo es costoso, pero lo que ganamos es mucho más grande que lo que perdemos.

Elegir nuestro tesoro

Entonces, tenemos una opción. Podemos hacer todo lo posible para aferrarnos a nuestros sueños, nuestras esperanzas y metas personales en la vida, al amor y el éxito en este mundo o podemos dejar de considerar tales cosas como nuestra principal razón para levantarnos de la cama cada mañana. No obstante, nunca tomaremos esta decisión a menos que nuestro corazón comprenda, en cambio, qué es lo que debemos buscar. Este *descubrimiento* se ve más claramente en las parábolas de Jesús:

> Además, el reino de los cielos es semejante a un tesoro escondido en un campo, el cual un hombre halla, y lo esconde de nuevo; y gozoso por ello va y vende todo lo que tiene, y compra aquel campo. También el reino de los cielos es semejante a un mercader que busca buenas perlas, que habiendo hallado una perla preciosa, fue y vendió todo lo que tenía, y la compró (Mt. 13:44-46).

¿Es así como vemos el reino de los cielos? ¿Lo consideramos nuestro mayor tesoro? El simple hecho de darnos cuenta de que es nuestro mayor tesoro indica que estamos en el camino de encontrar la verdadera plenitud en la vida.

Los teólogos enseñan correctamente que la mejor manera de llegar al verdadero significado de las parábolas de Jesús es encontrar el concepto central y no perderse en los detalles, pero aun así es beneficioso considerar los detalles también. Toda la Palabra de Dios es inspirada, no solo el concepto central. Entonces, con eso en mente, analicemos detenidamente las palabras de Jesús.

Primero, observa que el tesoro es *algo que estaba escondido*. En otra ocasión, Jesús estaba orando y dijo: "Te alabo, Padre, Señor del cielo y de la tierra, porque escondiste estas cosas [las cosas del reino] de los sabios y de los entendidos, y las revelaste a los niños" (Mt. 11:25). Jesús estaba hablando de la actitud del corazón necesaria para entender y conocer a Dios y darnos cuenta de que Él es el tesoro más grande que jamás tendremos. Así que atesorar el tesoro correcto comienza por la humildad. Se revela solo a los humildes.

Segundo, *encontrar el tesoro trajo alegría*. Encontramos alegría en obtener lo que atesoramos. Por otro lado, no encontramos alegría si no atesoramos lo que obtenemos.

Tercero, *valía la pena dejar todo por el tesoro*. La única forma de conocer a Cristo como nuestro mayor tesoro es disminuir el valor de los tesoros que compiten con Él. Cualquier cosa, incluso las cosas buenas, deben desaparecer si obstaculizan el señorío de Cristo en nuestra vida y nuestro corazón. Si valoramos y nos aferramos a los tesoros en competencia, nuestro amor por Dios se debilitará y nuestra soledad solo aumentará.

Observa también que el que descubrió el tesoro vendió todo lo que poseía para comprar el tesoro; en otras palabras, no regaló sus posesiones. Una verdad que podemos deducir de este detalle es que las cosas a las que renunciamos para seguir a Cristo no carecen de valor en sí mismas. A veces, aferrarnos a los tesoros del reino resultará costoso, pero vale la pena llegar a conocer a Cristo como nuestro mayor tesoro.

En lugar de buscar una salida de la soledad, necesitamos ir a Jesús.

Cuando la soledad nos cubre como un manto, nuestro instinto es buscar una salida. Cuando no conocemos a Cristo como nuestro tesoro, buscamos una salida en cualquier cosa que podamos ver frente a nosotras: ciertos hábitos o excesos, lugares a los que vamos e incluso ciertas relaciones. Parece que esas cosas no solo están más al alcance de la mano, sino que también, en cierto sentido, tendemos a culpar a Dios por nuestra soledad. No lo conoceremos como nuestro mayor tesoro si nuestra visión de Él está distorsionada, y cuanto más busquemos escapar de nuestro dolor en las cosas terrenales, más distorsionada será nuestra visión de Dios. En lugar de buscar una salida de la soledad, necesitamos ir a Jesús. Solo entonces descubriremos que Él es lo que hemos estado buscando todo el tiempo. Y solo entonces estaremos realmente dispuestas a "vender" nuestras posesiones y adquisiciones terrenales por amor a Dios y su reino.

Jesús dijo: "Si alguno viene a mí, y no aborrece a su padre, y madre, y mujer, e hijos, y hermanos, y hermanas, y aun también su propia vida, no puede ser mi discípulo. Y el que no lleva su cruz y viene en pos de mí, no puede ser mi discípulo. Porque ¿quién de vosotros, queriendo edificar una torre, no se sienta primero y calcula los gastos, a ver si tiene lo que necesita para acabarla?". Y concluye todo esto diciendo: "Así, pues, cualquiera de vosotros que no renuncia a todo lo que posee, no puede ser mi discípulo" (Lc. 14:26-28, 33). Gran parte de la soledad proviene de la reticencia o de la absoluta falta de voluntad de seguir a Jesús si hacerlo significa renunciar a cómo queremos que funcione nuestra vida.

Soledad consolidada

Nos aferramos a nuestra vida de diversas maneras, una de las cuales es la devoción por *acumular tesoros en la tierra*. Jesús dijo: "No os hagáis tesoros en la tierra, donde la polilla y el orín corrompen, y donde ladrones minan y hurtan; sino haceos tesoros en el cielo, donde ni la polilla ni el orín corrompen, y donde ladrones no minan ni hurtan. Porque donde esté vuestro tesoro, allí estará también vuestro corazón" (Mt. 6:19-21). En otras palabras, dedicarnos a acumular tesoros materiales no es hacer un buen uso de nuestra vida porque los tesoros terrenales nunca perduran. Se deterioran o se los hurtan y, sin duda, no llenan nuestro vacío.

No hay discipulado sin la cruz, y cuando llevamos la cruz encontramos la vida plena que Cristo prometió.

Tratar de *hacer que cuadren los tesoros que compiten* es otra forma de aferrarnos a la vida en nuestros propios términos. Sin embargo, los tesoros en competencia nunca son iguales: uno siempre dominará al otro. Por eso, Jesús señala que no podemos hacerlo, y debido a que este mundo y lo que ofrece a menudo parece más real, y ciertamente más inmediato en términos de recompensa, la competencia mundana y egocéntrica puede ganar con demasiada facilidad.

Finalmente, permaneceremos atrincheradas en la soledad *si buscamos un Salvador sin una cruz*. Jesús dijo: "Si alguno viene a mí, y no aborrece a su padre, y madre, y mujer, e hijos, y hermanos, y hermanas, y aun también su propia vida, no puede ser mi discípulo. Y el que no lleva su cruz y viene en pos de mí, no puede ser mi discípulo" (Lc. 14:26-27). No hay discipulado sin la cruz, y cuando llevamos la cruz encontramos la vida plena que Cristo prometió.

Aceptamos el valor del reino de Dios hasta que nos toca en lo personal. ¿Tenemos algo no negociable, algo de lo que no estamos dispuestas a desprendernos para seguir a Cristo? Si es así, no es de extrañarse que nos sintamos solas. Piensa en las sabias palabras de David Powlison:

> El temor y el anhelo son dos caras de una misma moneda. Un temor pecaminoso es el anhelo de que algo no suceda. Si anhelo dinero, temo a la pobreza con sus privaciones y humillaciones. Si anhelo ser amada, me aterroriza el rechazo. Si temo al dolor o a las dificultades, anhelo alivio o bienestar. Si anhelo un lugar de preeminencia, temo estar subordinada a los demás.[2]

Soledad resuelta

Descubrir lo que tememos y anhelamos o lo que nos pone ansiosas es una buena manera de descubrir lo que compite con Cristo por el primer lugar en nuestro corazón. Si estamos dispuestas, llegaremos a ver que no tenemos nada que temer en dejar nuestra vida egocéntrica para seguir a Jesús. Basta con considerar lo que nos prometió:

> De cierto os digo que no hay ninguno que haya dejado casa, o hermanos, o hermanas, o padre, o madre, o mujer, o hijos, o tierras, por causa de mí y del evangelio, que no reciba cien veces más ahora en este tiempo; casas, hermanos, hermanas,

2. David Powlison, "Dynamics of Biblical Change", notas de clase, Christian Counseling and Educational Foundation (CCEF), 2002.

> madres, hijos, y tierras, con persecuciones; y en el siglo venidero la vida eterna (Mr. 10:29-30).

Nos apresuramos a pensar: "Claro, sí, tendré un tesoro en el cielo, pero ahora estoy aquí, y tengo que lidiar con esto". Sin embargo, Jesús deja en claro que deleitarnos en Cristo como nuestro verdadero tesoro no es solo para el cielo, sino para ahora también. La forma de escapar de la soledad comienza por abandonar todos nuestros intentos de hacer que la vida funcione en nuestros propios términos. Se trata de tomar la cruz y seguir a Cristo.

No tenemos nada que temer en dejar nuestra vida egocéntrica para seguir a Jesús.

Si la soledad nos agobia y dudamos de que Dios sea realmente nuestro mayor tesoro, podemos ser sinceras con Él, nuestro buen Padre y Amigo. Podemos decirle que nos hemos esforzado tanto para hacer que nuestra vida funcione como queremos, que hemos perdido de vista todo lo que Él es para nosotras en Cristo. Podemos pedirle que nos muestre de nuevo quién es Él realmente y que cambie nuestro corazón. A veces, el cambio comienza con una oración: "Dios, estoy dispuesta a estar dispuesta". Si eso es lo mejor que podemos hacer hoy, Dios vendrá a nuestro encuentro. Él está más deseoso que nosotras de que lleguemos a atesorarlo por sobre todas las cosas, y solo cuando busquemos a Dios, encontraremos lo que hemos estado buscando todo el tiempo.

GUÍA DE ESTUDIO

Capítulo 1: Atesorar el tesoro equivocado

1. ¿Cómo contribuye a la soledad la gran cantidad de libertades de hoy? ¿Cómo se ha desarrollado esto en tu propia vida?

2. Describe o reflexiona sobre lo que Barry Cooper llama "el dios de las opciones abiertas".

3. ¿Qué dice Jesús en Mateo 10:38-39 sobre la soledad?

4. A partir de las parábolas del tesoro escondido y la perla de gran precio (Mt. 13:44-46), enumera los pasos necesarios para aferrarse a Jesús como nuestro mayor tesoro.

5. En Lucas 14:26-33, Jesús explica la naturaleza del verdadero discipulado. ¿Estás permitiendo que algo o alguien te impida seguir a Jesús por completo? Si es así, ¿puedes identificar cómo tu renuencia a renunciar a eso contribuye a tu soledad?

¿Cómo podré estar triste, cómo entre sombras ir,
cómo sentirme solo y en el dolor vivir,
si Cristo es mi consuelo, mi amigo siempre fiel;
si aun las aves tienen seguro asilo en Él
si aun las aves tienen seguro asilo en Él?

¡Feliz, cantando alegre,
yo vivo siempre aquí;
si Él cuida de las aves,
cuidará también de mí!

"Nunca te desalientes", oigo al Señor decir,
y en su palabra fiado, hago al dolor huir.
A Cristo, paso a paso, yo sigo sin cesar,
y todas sus bondades me da sin limitar,
y todas sus bondades por siempre me ha de dar.

Siempre que soy tentado o si en la prueba estoy,
más cerca de Él, camino, y protegido voy;
si en mí la fe desmaya y sufro de ansiedad,
tan solo Él me levanta, me da seguridad,
tan solo Él me levanta, me da seguridad.

LETRA: CIVILLA MARTIN,
"¡Si Él cuida de las aves, cuidará también de mí!"

CAPÍTULO 2

LAS MENTIRAS DE LA SOLEDAD

Nadie ha dicho jamás que entrar en pánico ha demostrado ser útil en una crisis. Sin embargo, el pánico es la respuesta natural de aquellos que miran sus circunstancias en lugar de mirar a Cristo. ¿No fue esta la experiencia de Pedro cuando caminó sobre el agua? Mientras mantuvo sus ojos puestos en Jesús, avanzó sobre las aguas; pero apenas miró el viento y las olas, comenzó a hundirse. Pedro entró en pánico (Mt. 14:22-30).

Muchas veces hacemos lo mismo cuando el viento y las olas de la soledad amenazan con hundirnos. Si no tenemos nuestros ojos fijos en Jesús, y si no vemos la vida desde una perspectiva bíblica, trataremos de luchar contra esas olas por nosotras mismas y, finalmente, nos hundiremos. Los nadadores que entran en pánico a menudo se ahogan.

Mentira: La soledad es absolutamente mala

Aumentando las olas de la soledad está este mito: "La soledad es el resultado de algo malo y, por lo tanto, nadie debería tener que experimentarla".[1] Si creemos eso, vamos a usar todas nuestras fuerzas para

1. Barnes y Bock, "5 Myths and Truths in Loneliness".

luchar contra ella. No tendremos paz, gozo ni deleite en el Señor. Y nunca encontraremos la forma de salir del agua.

El pánico es la respuesta natural de aquellos que miran sus circunstancias en lugar de mirar a Cristo.

Echemos un vistazo más de cerca a ese mito. ¿Es la soledad realmente el resultado de algo malo? Por un lado, Dios sí dijo que no es bueno que el hombre esté solo (Gn. 2:18). Entonces, en ese sentido, sí, estar solo —y la soledad que eso conlleva— no es bueno. Pero, no podemos escapar del hecho de que fue Dios mismo quien hizo a Adán y luego lo puso solo en el huerto. El pecado ni siquiera había entrado en el mundo todavía. En otras palabras, la soledad de Adán fue obra de Dios, y Dios lo hizo para que Adán, y todos los seres humanos que vinieran después de él, anhelaran la compañía. Dios, entonces, dio una esposa a Adán; no obstante, "nunca diseñó el matrimonio para llenar el vacío de aquello que nos falta o erradicar la soledad. Más bien, revela mucho más nuestra necesidad de llegar a nuestro destino final: tener comunión con Él".[2] Así que, desde el principio, la soledad del hombre no era buena en sí misma, pero ese no fue el final de la historia. No, Dios ofreció el remedio para ello. Así que no hay necesidad de entrar en pánico. El vacío que tan a menudo conlleva el hecho de estar sola —la soledad— está destinado a que Cristo lo llene por completo.

Mentira: No debería tener que estar sola

Así que, después de todo, la soledad no es del todo mala. Y puesto que es así, no podemos afirmar que nadie deba experimentarla. Por el contrario, puesto que Dios nos diseñó para anhelar los vínculos,

2. Ibíd.

es lógico que *debamos* experimentar la soledad. Además de eso, en nuestro egoísmo natural, seríamos propensas a aislarnos para poder tener todo lo que queremos en la vida a nuestro antojo, sin tener que doblegarnos nunca a los deseos y las necesidades de los demás. Sin una perspectiva bíblica, veremos la soledad como algo absolutamente malo, algo que debemos evitar a toda costa, y entraremos en pánico.

La voz de pánico dice:

> *Soy la única que está sola en casa esta noche.*
>
> *No es el hombre ideal, pero, si no me caso con él, tal vez nunca tenga otra oportunidad.*
>
> *Estar sola va a perjudicar mi salud.*
>
> *Si Dios fuera realmente bueno, no me dejaría en esta situación de soledad.*

Dios dice:

> Mira que te mando que te esfuerces y seas valiente; no temas ni desmayes, porque Jehová tu Dios estará contigo en dondequiera que vayas (Jos. 1:9).
>
> No te desampararé, ni te dejaré (He. 13:5).

Y Jesús dijo:

> He aquí yo estoy con vosotros todos los días, hasta el fin del mundo (Mt. 28:20).

¿Qué pasa cuando entramos en pánico? Nuestro corazón se acelera; podemos sentir la sangre latir. Una sensación de desesperación se nos sube a la garganta, casi podemos saborearla. Y luego nuestra mente lucha por buscar una salida y, en ese momento, cualquier salida servirá. Si eres como yo, esos momentos ocurren con mayor frecuencia después de la puesta del sol. A veces le temo a la noche. ¿Cómo haré para pasar otra noche sola? ¿Y *por qué debo pasarla sola*? Todo se reduce a esto, ¿no es cierto? El pánico se transforma muy fácilmente en rebelión. Una vez que eso sucede, nos hemos alejado de Dios en lugar de acercarnos a Él. Rechazamos el consuelo de Dios y recurrimos a cualquier vía de escape que tengamos cerca: televisión, Facebook, comida, alcohol, sueño. No queremos el consuelo en los términos de Dios, así que decimos: "Gracias, pero no". Sin embargo, si insistimos en vivir a nuestro modo, solo afianzaremos nuestra soledad.

El peso abrumador de la soledad podría ser precisamente lo que Dios está usando para marcarnos el camino.

Mentira: Puedo remediar esto yo sola

A veces, nuestros métodos para encontrar una salida son significativamente más sofisticados. No nos conformamos con una simple salida nocturna; tramamos estrategias para un cambio de vida radical. Y, de hecho, hay momentos en los que emprender un cambio significativo puede ser una estrategia inteligente. Las bendiciones de Dios a menudo nos llegan por medio de nuestra propia actividad, y el peso abrumador de la soledad podría ser precisamente lo que Dios está usando para marcarnos el camino. Sin embargo, si las únicas opciones disponibles para el cambio son bíblicamente cuestionables o si nuestras amistades piadosas expresan reservas sobre nuestros planes, entonces sería prudente reconsiderarlos. E, incluso, cuando todo parece funcionar, no hay garantía de que nuestra soledad se resuelva como resultado. La conclusión es que no podemos remediar nuestra soledad; no hemos sido creadas con tal capacidad. Podemos cambiar el hecho de estar solas, pero no nuestra soledad.

La luz de la verdad

Entonces, ¿cuál es nuestro objetivo? Esa es una buena pregunta para hacernos si la soledad nos obliga a considerar un cambio de vida importante. Si estamos creyendo las mentiras (la soledad es mala, no debería tener que sentirme sola y puedo remediar mi soledad), entonces actuaremos según tales mentiras. Ese traslado que estamos considerando podría abrirnos todo tipo de puertas nuevas, pero no necesariamente remediará nuestra soledad. Iniciar una sesión en un sitio de citas en línea puede redundar en una relación, pero no hay garantía de que remedie la soledad. La iglesia de la otra localidad tiene muchas más personas, pero dejar una iglesia pequeña por una más grande puede resultar contraproducente como remedio para la soledad. Por otro lado, si nos sentimos solas porque no tenemos compañerismo cristiano o una iglesia bíblica a la que asistir, entonces hacer un cambio es un plan sabio.

No podemos remediar nuestra soledad, pero podemos usarla. La verdadera pregunta es ¿estamos dispuestas?

Por lo tanto, hacer en un momento dado una evaluación de objetivos con oración y la Palabra de Dios es una buena manera de comenzar cuando se trata de calmar el pánico. Para aquellas de nosotras que nos sentimos solas porque estamos solas, esta es otra pregunta que podemos formularnos: ¿Es mi soledad *realmente* tan mala? Si creemos la mentira de que estar sola es intrínsecamente malo, entonces ya tenemos la respuesta. Sin embargo, cuando pensamos en el hecho de que, por el designio de Dios, la soledad tiene un propósito bueno, podemos responder diferente. Después de todo, el mismo Jesús buscaba estar solo a veces para tener comunión con su Padre (Mt. 14:23; Mr. 1:35; Lc. 6:12).

Si nuestra perspectiva sobre esos momentos a solas cambia, nos sorprenderá gratamente descubrir que en realidad preferimos algunas noches para nosotras solas. ¡Es liberador reconocer que apagar la televisión y dejar entrar al silencio no es la proximidad de la muerte!

Por el contrario, podríamos descubrir que una salida que Dios nos ha dado para escapar de nuestra soledad ha estado justo frente a nosotras todo el tiempo, pero no estábamos dispuestas a verla. Pablo nos muestra una de esas salidas:

> Digo, pues, por la gracia que me es dada, a cada cual que está entre vosotros, que no tenga más alto concepto de sí que el que debe tener… Porque de la manera que en un cuerpo tenemos muchos miembros, pero no todos los miembros tienen la misma función, así nosotros, siendo muchos, somos un cuerpo en Cristo, y todos miembros los unos de los otros. De manera que, teniendo diferentes dones, según la gracia que nos es dada… *úsese conforme a la medida de la fe* (Ro. 12:3-6).

Y también Juan:

> Lo que hemos visto y oído, eso os anunciamos, para que también vosotros tengáis comunión con nosotros; y nuestra comunión verdaderamente es con el Padre, y con su Hijo Jesucristo… Dios es luz, y no hay ningunas tinieblas en él. Si decimos que tenemos comunión con él, y andamos en tinieblas, mentimos, y no practicamos la verdad; *pero si andamos en luz, como él está en luz, tenemos comunión unos con otros* (1 Jn. 1:3, 5-7).

Casadas o solteras, jóvenes o viejas, ricas o pobres, no podemos remediar nuestra soledad, pero podemos usarla. La verdadera pregunta es, ¿estamos dispuestas? La buena voluntad solo es posible si reemplazamos las mentiras que hemos creído con la verdad. Elisabeth Elliot escribe:

> Cuando entregar la propia vida parece demasiado pedir, es ante todo porque nuestros pensamientos sobre Dios son mezquinos... En nuestra ceguera nos acercamos a Él con desconfianza y reserva. Nos preguntamos cuánto de nuestra diversión pretende echar a perder, cuánto nos exigirá, qué alto es el precio que debemos pagar para conformarlo. Si tuviéramos la más mínima noción de su misericordia y amor inagotables, el cuidado paternal por sus pobres hijos, su generosidad, sus magníficos planes para con nosotros; si supiéramos cuán pacientemente espera que nos volvamos a Él, cuán amablemente intenta guiarnos hacia verdes pastos y aguas de reposo, cuán esmeradamente está preparando un lugar para nosotros, cuán incesantemente está estableciendo y diseñando su Plan Maestro para nuestro bien: si tuviéramos alguna idea de todo eso, ¿podríamos negarnos a soltar... lo que sea que estemos sosteniendo con fuerza en nuestras pequeñas manos sudorosas?[3]

Si nos sentimos solas, ese dolor nos indica que Dios nos está llamando a una comunión más profunda con Él a través de su Hijo.

Las mentiras sobre la soledad son desmentidas solo por la verdad sobre Dios. Él no nos ha abandonado a la espera de que nos encarguemos de nuestra situación por nosotras mismas. A Él nada se le

3. Elisabeth Elliot, *The Path of Loneliness: Finding Your Way through the Wilderness to God* (Grand Rapids, MI: Revell, 1998, 2001), 123.

escapa. No estamos atrapadas en el Plan B, sin importar lo que haya provocado la situación en la que estamos hoy. Si estamos solas, si nos sentimos solas, ese dolor nos indica que Dios nos está llamando a una comunión más profunda con Él a través de su Hijo.

Pedro comenzó a hundirse en medio del viento y las olas porque apartó sus ojos de Jesús. Una vez que eso sucedió, no vio la salida, no vio ninguna posibilidad de rescate, pero, en vez de luchar más duro para salvarse, clamó: "¡Señor, sálvame!". E inmediatamente, sin demora, sin condiciones, Jesús extendió la mano y metió a Pedro en la barca. Luego le hizo una pregunta: "¡Hombre de poca fe! ¿Por qué dudaste?" (Mt. 14:30-31).

GUÍA DE ESTUDIO

Capítulo 2: Las mentiras de la soledad

1. Leer Mateo 14:22-31. ¿Qué le dice Jesús a Pedro después de sacarlo del agua? ¿Qué había hecho Pedro para merecer la reprensión de Jesús?

2. ¿Lo que crees sobre la soledad determina tu visión de Dios o lo que crees sobre Dios determina tu visión de la soledad? De uno o de otro modo, ¿de qué manera se manifiesta lo que crees por cómo enfrentas las temporadas de soledad?

3. Describe un momento cuando la soledad te hizo entrar en pánico. ¿Qué hiciste? ¿Cuál fue el resultado de lo que hiciste?

4. ¿Por qué no podemos remediar nuestra soledad?

5. ¿Cómo sabemos cuándo la soledad podría indicar la necesidad de un cambio práctico?

PARTE 2

SOLEDAD MATERIALIZADA

Un pobre forastero soy que camina sin parar;
errante estoy por este mundo de dolor.
Mas no hay afán, peligro ni enfermedad
en ese mundo lleno de luz al que voy.
A mi Padre allí he de contemplar
y ya no seré el forastero que ahora soy.
En camino a mi hogar final
cruzando mi Jordán estoy.

ESPIRITUAL NEGRO:
"Wayfaring Stranger"

CAPÍTULO 3

LA SOLEDAD DE LA PARTIDA

"No hay lugar como el hogar", canta Dorothy mientras repiquetea con los tacones de sus zapatos color rubí. Nadie que haya sentido nostalgia puede olvidar esta conmovedora escena de *El mago de Oz*. Transmite muy bien el anhelo palpable de volver a un lugar —*nuestro* lugar— que no podemos alcanzar, por la razón que sea. El ritmo de vida en el lugar donde nos criamos, ¿cómo pudimos subestimarlo? Daríamos cualquier cosa por volver allí. A menudo, reconocemos el *hogar* como tal solo después de haberlo dejado.

El hogar es más poderoso de lo que a menudo nos damos cuenta. Su influencia en nuestro corazón va más allá de la casa en la que vivíamos con nuestros padres, nuestros hermanos y nuestras mascotas. El hogar incluye nuestro vecindario y nuestra ciudad, la ciudad más cercana y, desde allí, el estado y la región del país. El hogar es una cultura. Incluye el clima y las actividades que acompañan a ese clima. Incluye temperamentos, hábitos, comportamientos y preferencias de ropa, comida y decoración del hogar.

En gran o pequeña medida, el hogar nos forma, y en eso radica su poder. Sin siquiera darnos cuenta, nuestro hogar nos define, pero a menudo, descubrimos esa realidad solo cuando nos hemos ido a vivir a otro lugar, y el descubrimiento puede ser devastador. Hasta que lo experimentamos, nos sorprende descubrir que un traslado suele ocupar el tercer lugar en las listas de experiencias más dolorosas, justo después de la muerte de un hijo y el divorcio. Hasta que no hemos pasado por una mudanza, nos imaginamos que lo más difícil es aprender a orientarnos en ese nuevo lugar, nada que un GPS no pueda resolver, pero esa es la parte fácil. La difícil es la crisis de identidad que comienza a invadirnos alrededor de las seis semanas. No es que todo sea nuevo y diferente. Es que la identidad que nos proporcionó el hogar ya no encaja allí. *Ya no sabemos quiénes somos.*

El llamado

Es precisamente en esta experiencia de soledad donde Dios llama a Abraham. Junto a sus dos hermanos, Abraham había crecido en Ur, una ciudad próspera para los estándares de la época. Sin duda, ese entorno cosmopolita formó a Abraham. Cuando tenía setenta y cinco años, murió uno de sus hermanos, y su padre desarraigó a la familia, que se dirigió a la tierra de Canaán. Entre los que abandonaron Ur estaban Abraham y su esposa, Sara; el hermano que le quedaba; y su sobrino Lot. Sin embargo, la familia nunca llegó a Canaán, sino que se estableció en la tierra de Harán, un importante centro comercial del mundo antiguo (Gn. 11:31-32). Fue allí, en Harán, donde Dios llamó a Abraham:

> Pero Jehová había dicho a Abram: Vete de tu tierra y de tu parentela, y de la casa de tu padre, a la tierra que te mostraré. Y haré de ti una nación grande, y te bendeciré, y engrandeceré tu nombre, y serás bendición. Bendeciré a los que te bendijeren, y a los que te maldijeren maldeciré; y serán benditas en ti todas las familias de la tierra (Gn. 12:1-3).

Implícito en el llamado está precisamente aquello de lo que estamos hablando. Abraham debía dejar todo lo que le resultaba familiar, todo lo que hasta entonces había dado forma a su vida. El llamado era no solo a dejar los lugares conocidos y las relaciones cercanas, sino también a abandonar la forma en que tales personas y lugares lo habían definido. En pocas palabras, el llamado era a abandonar su antigua identidad para adoptar una nueva.

Cuando somos jóvenes, un llamado así nos parece emocionante y nos aventuramos con ilusión hacia un futuro desconocido. No obstante, muchas de nosotras volvemos al lugar de nuestras raíces unos años más tarde, cuando nos tomamos en serio la idea de establecernos. Abraham no era joven. Si recuerdas, tenía setenta y cinco años cuando recibió el llamado. Sin embargo, obedeció la directiva del Señor: "Y se fue Abram, como Jehová le dijo" (v. 4).

Cuando obedecer a Dios nos lleva a separarnos de lo viejo y conocido para ir tras lo nuevo y desconocido, podemos estar seguras de que el plan de Dios para nuestra vida individual está de alguna manera entrelazado con su plan para la vida colectiva de todo su pueblo.

Aunque Abraham partió con su mujer, su sobrino, sus siervos y sus posesiones, sabía que rompía con su antigua identidad, lo que queda claro por la forma en que Dios redactó el llamado: "Vete de tu tierra y de tu parentela, y de la casa de tu padre". A pesar de ello, se marchó sin dudarlo, porque Dios también le había dejado claro que lo *nuevo* que tenía por delante sería mejor que lo *viejo* que dejaba atrás. Tenía que ser mejor porque el llamado tenía que ver con los propósitos superiores de Dios. En otras palabras, el llamado de Dios a Abraham no tenía que ver solo con Abraham. Lo mismo vale para todas las que seguimos el llamado del Señor, dondequiera que nos lleve. Cuando obedecer a Dios nos lleva a separarnos de lo viejo y conocido para ir tras lo nuevo y desconocido, podemos estar seguras de que el plan de Dios para nuestra vida individual está de alguna manera entrelazado con su plan para la vida colectiva de todo su pueblo. La nueva identidad que encontró Abraham es la misma que la nuestra: formamos parte de un pueblo, la familia de la fe.

Entre lo viejo y lo nuevo

Romper con lo viejo antes de darnos cuenta de la bendición de lo nuevo: así es como suele ser el llamado de Dios. Y el camino entre lo viejo y lo nuevo es donde experimentamos algunas de nuestras soledades más profundas. Es un patrón que muchas personas experimentan, no solo cuando vienen a Cristo por primera vez, sino repetidas veces después. En ocasiones, seguir a Dios implica separaciones dolorosas, pero lo que Él nos lleva a hacer siempre resulta enriquecedor, aunque, mientras recorremos el camino desde lo viejo hacia lo nuevo, es inevitable que haya momentos de aislamiento y soledad.

En ocasiones, seguir a Dios implica separaciones dolorosas, pero lo que Él nos lleva a hacer siempre resulta enriquecedor.

No sé tú, pero esta ha sido mi historia y la de muchas otras personas. ¿Por qué este patrón? Seguramente porque nos aferramos a Dios con más fuerza y llegamos a conocerlo más profundamente cuando nos despojamos de nuestros cimientos terrenales. La comodidad y la familiaridad de lo antiguo han quedado atrás, y el cumplimiento de las promesas de Dios nos aguarda en un día futuro. ¿Qué hacemos mientras tanto? ¿Adónde acudimos para sentir que estamos paradas sobre tierra firme? Es entonces cuando nos damos cuenta de que, a fin de cuentas, nuestro fundamento está solo en el Señor.

La realidad de la presencia y las promesas de Dios no niega lo difícil de emprender un nuevo camino.

En el caso de Abraham, se alejó de su entorno urbano y se trasladó a otro escasamente poblado, donde levantó sus tiendas en una tierra extraña entre un pueblo extraño, los cananeos. Pero, en medio de su viaje, Dios volvió a hablar a Abraham y le reafirmó su promesa: "A tu descendencia le daré esta tierra" (v. 7). Como hizo con Abraham, nuestro Dios compasivo sale a nuestro encuentro mientras recorremos ese camino solitario y nos reafirma sus promesas. Y es allí donde descubrimos que la soledad no es una consecuencia arbitraria del camino: en la economía de Dios, la soledad es un aspecto primordial de esta. En ese pozo solitario estamos muy vulnerables para escuchar a Dios y aceptar sus caminos sin reservas. Vemos este resultado divino en la respuesta de Abraham: "Y edificó allí un altar a Jehová, quien le había aparecido" (v. 7). Y mientras Abraham seguía su camino, el pasaje bíblico dice que construyó otro altar y que "invocó el nombre de Jehová" (v. 8).

Dicho esto, la realidad de la presencia y las promesas de Dios no niega lo difícil de emprender un nuevo camino. Finalmente, Abraham llegó a Egipto, otro lugar desconocido con personas y costumbres extrañas y, en la rareza de todo eso, reaccionó con miedo más que con fe y confió en la manipulación deshonesta más que en la promesa de protección de Dios. Aun así, el Señor no dejó que Abraham saliera solo del apuro, sino que acudió a su rescate (vv. 10-20). Del mismo modo, nuestra respuesta al llamado de Dios rara vez es una línea recta y fácil de principio a fin. En lo que respecta a nuestra fidelidad, a menudo son dos pasos adelante y un paso atrás; pero, a pesar de eso, Dios nunca vacila en sus intenciones de llevarnos a nuestro destino. Él es fiel incluso cuando nosotras no lo somos (2 Ti. 2:13). Por eso, cuando la soledad nos acecha, cuando las olas de la nostalgia amenazan con ahogarnos, este es nuestro consuelo. Y empezamos a descubrir, a través de la presencia y el poder de Dios, que nuestra identidad no está ligada al lugar de donde venimos ni al lugar hacia dónde vamos. Se encuentra en Dios mismo. Él —no un lugar ni las personas— es quien nos define.

La promesa que tenemos por delante

Encontrar nuestra identidad en Dios es vital, y por eso su llamado suele implicar una ruptura con las viejas costumbres y los caminos conocidos. Dios mismo es el que orquesta tal ruptura y la hace con amor y a medida de la persona a la que llama. Y entonces, cuando el camino es doloroso —y en ocasiones seguramente lo será— recordamos las promesas.

Eso es lo que hizo Abraham. Dios le había prometido hacer de él una gran nación y bendecir a través de él a todas las familias de la tierra. Y le ofreció un lugar para que esa nación se estableciera: la tierra de Canaán, la Tierra Prometida. Sin embargo, no se trataba de un mero intercambio de una vida, una familia, un grupo de amigos, un lugar y una rutina por otra. (No hay verdadera bendición en dejar lo viejo si lo nuevo que tenemos por delante es más de lo mismo). A fin de cuentas, la promesa consistía en tenerlo todo —una familia, amigos, un lugar y la vida misma— con Dios en su reino. A través de Abraham vendría el linaje real que culminaría en el Rey de reyes, Jesucristo mismo. De la familia física de Abraham nacería la familia espiritual del pueblo de Dios, unidos a Dios y entre sí por la unión con Cristo, el supremo descendiente de Abraham. La esperanza de algo más allá de esta vida —incluso de las mejores cosas, relaciones y lugares— es lo que Abraham descubrió en y a través de su soledad. Y a medida que avanzaba por el camino que Dios le había trazado, su identidad se fue desdibujando, tanto en lo que se refería a su antigua vida en Ur como a la nueva vida que tenía frente a él en Canaán, y se fue centrando cada vez más en la vida en el reino de Dios. Sabemos que esto fue así porque él está incluido entre aquellos de quienes el escritor de Hebreos señala:

> Conforme a la fe murieron todos estos... confesando que eran extranjeros y peregrinos sobre la tierra. Porque los que esto dicen, claramente dan a entender que buscan una patria; pues si hubiesen estado pensando en aquella de donde salieron, ciertamente tenían tiempo de volver. Pero anhelaban una mejor, esto es, celestial; por lo cual Dios no se avergüenza de llamarse Dios de ellos; porque les ha preparado una ciudad (He. 11:13-16).

¿Es esa nuestra actitud? Puede llegar a serla. Y a veces la soledad es la herramienta que Dios utiliza para forjar en nosotras esa actitud. Partir hacia otro lugar y la soledad que eso conlleva son la forma en que Él nos llama a abandonar nuestra identidad en esta vida para conocer el gozo de estar plenamente identificadas con Él. Eso es lo que vemos en el Salmo 45; un cántico entonado en la boda de un rey, donde se le dice a la novia:

> Oye, hija, y mira, e inclina tu oído;
> Olvida tu pueblo, y la casa de tu padre;
> Y deseará el rey tu hermosura;
> E inclínate a él, porque él es tu señor (Sal. 45:10-11).

En el fondo, este salmo hace referencia a Jesús, el Rey de reyes y esposo de su pueblo. ¿Ves el llamado?

Elegir nuestro camino

Seguir a Jesús implica un cambio de prioridades. Él se convierte en lo primero, de tal modo que cuando debemos elegir entre una cosa o la otra, en lugar de ambas, elegimos a Jesús. Y hacer esa elección nos embellece a los ojos de Dios.

El llamado a seguir a Jesús es radical y puede llevarnos por caminos solitarios. A un escriba que quería seguir a Jesús, Él le advirtió que hacerlo podría significar renunciar a una vida con las comodidades de un hogar (Mt. 8:20). A otro hombre que quería seguirlo, pero no hasta que su padre hubiera muerto, Jesús le hizo elegir: "Sígueme; deja que los muertos entierren a sus muertos" (v. 22). ¿No es esta la verdadera cuestión? ¿Estamos dispuestas a seguir su llamado, aunque ello implique experimentar una pérdida y la soledad que eso conlleva?

Seguir a Jesús implica un cambio de prioridades.

Si no nos planteamos todo esto de antemano, es probable que nos echemos atrás cuando las cosas se pongan difíciles. Por eso, Jesús advirtió a los aspirantes a seguidores que calcularan el costo antes de iniciar su camino (Lc. 14:25-33). Seguir a Jesús puede costarnos nuestros planes profesionales, nuestras relaciones o las comodidades de una vida de clase media. Lo más seguro es que nos cueste nuestro derecho a aferrarnos a nuestra antigua identidad. Ese es el costo que tenemos que tener en cuenta, porque cuando esa vieja identidad se desprenda, es probable que nos derrumbemos si no estamos preparadas para las repercusiones de tal pérdida y lo desconcertante que puede parecer a veces el camino a seguir.

Aunque en más de una ocasión se le habían comunicado a Abraham las grandes bendiciones que recibiría por seguir a Dios, seguir adelante requería la obediencia de la fe: "Por la fe Abraham, siendo llamado, obedeció para salir al lugar que había de recibir como herencia; y salió sin saber a dónde iba" (He. 11:8). Nosotras también tenemos las promesas de Dios; pero, al igual que Abraham, no siempre sabemos dónde nos llevará seguir al Señor. ¿Confiaremos en Él? ¿Estamos dispuestas a seguir el camino, creyendo que el lugar al que nos lleva será mejor que lo que hemos dejado, aunque no sepamos a dónde vamos? Es la única manera de superar la soledad de una crisis de identidad, de perder todo lo que hasta ahora ha definido quiénes somos.

Cuando nos sintamos solas en la oscuridad, recordemos las promesas. Lo que ganamos siguiendo a Cristo es mucho más rico y duradero que todo lo que perdemos. En cierta ocasión, Pedro le dijo a Jesús: "He aquí, nosotros hemos dejado nuestras posesiones y te hemos seguido" (Lc. 18:28), y Jesús le contestó: "De cierto os digo, que no hay nadie que haya dejado casa, o padres, o hermanos, o mujer, o hijos, por el reino de Dios, que no haya de recibir mucho más en este tiempo, y en el siglo venidero la vida eterna" (vv. 29-30). Ese "mucho más" tiene que ver con el hogar y la familia, las cosas que tan naturalmente nos definen en esta vida. A través de la soledad, que conlleva responder a este llamado, el Señor nos redefine y nos da una identidad totalmente nueva. Cuando seguimos al Señor y nos aferramos a Él mientras avanzamos, descubrimos que nuestro verdadero hogar y nuestra verdadera familia están con Él, en la comunión con su pueblo. No se trata de un bonito concepto espiritual, sino de algo real. Nuestros afectos cambian —parte de nuestra nueva identidad— para hacer de nuestro hogar espiritual una realidad en nuestro corazón y en nuestra vida. Y esto no es solo para después, cuando estemos en el cielo. Jesús dice que también "en este tiempo".

¿Tu soledad se debe a una crisis de identidad? Si es así, no recuperarás esa antigua identidad al volver a casa. Las personas que lo intentan suelen descubrir que no funciona. Tampoco la encontrarás en el nuevo lugar, porque Dios no quiere eso. Quiere que sepas que ya estás en casa. En Cristo, tienes tu verdadera identidad: "Porque a los que antes conoció, también los predestinó para que fuesen hechos conformes a la imagen de su Hijo, para que él sea el primogénito entre muchos hermanos. Y a los que predestinó, a estos también llamó; y a los que llamó, a estos también justificó; y a los que justificó, a estos también glorificó" (Ro. 8:29-30).

GUÍA DE ESTUDIO

Capítulo 3: La soledad de la partida

1. Al reflexionar sobre tu vida hasta la fecha, ¿cómo te ha moldeado tu hogar? ¿Qué papel desempeña el hogar en tu identidad?

2. ¿Por qué llama Dios a Abraham a abandonar su casa? ¿De qué manera el llamado de Abraham iba más allá de sí mismo, hacia los propósitos superiores de Dios? Repasa Génesis 12:1-7 y Hebreos 11:13-16.

3. ¿Has dejado tu hogar para seguir un llamado particular, tal vez un trabajo o un matrimonio? Si es así, ¿cómo te afectó el cambio? ¿Qué aprendiste de Dios durante la transición?

4. ¿Cómo obra Dios en nosotras a través del llamado a alejarnos de antiguos caminos conocidos para producir en nosotras un crecimiento espiritual?

5. ¿Qué verdades sobre Dios pueden fortalecer nuestro corazón cuando atravesamos una crisis de identidad? ¿Se te ocurren otros pasajes de las Escrituras, además de los mencionados en este capítulo?

Cuando la soledad oscurece tu camino,
y tu andar se hace largo y sombrío,
con lágrimas en los ojos y el corazón dolorido
en vano suspiras por el amanecer, Oh, peregrino.
¡Al cielo alza tu mirada!
Una luz en el firmamento ha de brillar,
Es la "estrella resplandeciente de la mañana"
que toda lágrima de los ojos enjugará.

Al corazón roto Él ha de vendar
y las tinieblas disipar;
tus pies descanso hallarán
en esa bendita mañana será.
Y cuando tu alma se eleve gozosa
a tu celestial hogar,
el Señor tiernamente con Él te llevará,
y toda lágrima de tus ojos enjugará.

Amelia Minerva Starkweather,
"When Darkness Shrouds Your Lonely Path"

CAPÍTULO 4

LA SOLEDAD DE LA NOCHE

¿Eres una persona madrugadora o noctámbula? Las personas madrugadoras se despiertan temprano, ansiosas por comenzar el día, y suelen ser más productivas en las horas previas al mediodía. Así soy yo. Llueva o haya sol, sea verano o invierno, esté en casa o en un hotel, me encanta la mañana. Siempre hay una tranquila expectativa de un potencial sin explotar, sin la ansiedad ni las preocupaciones de la vida, que inevitablemente aparecen a la hora de almorzar. A medida que las preocupaciones aumentan, la creatividad se agota en la lucha contra el estrés. A la hora de cenar, los madrugadores nos alegramos de que el día haya terminado y preferimos relajarnos hasta la hora de irnos a dormir. Nunca he entendido a los noctámbulos, a los que no se sienten plenamente vivos hasta que el sol está bien alto en el cielo y cuya energía no hace más que aumentar a medida que avanza el día. Son los que pueden sentarse felizmente frente a la computadora a las ocho de la noche para escribir durante cuatro horas o salir de fiesta cuando los demás nos estamos preparando para ir a la cama.

El miedo a la noche

No me gusta la noche. Desde que era pequeña, nunca me ha gustado. De hecho, de niña le tenía pavor a la noche. Me aterrorizaban las fiestas de pijamas en casa de mis amigas. ¿Y si me despertaba a mitad de la noche? ¿A quién podía pedir consuelo en la oscuridad? Ni a mis amigas que dormían ni, por supuesto, a sus padres. El miedo a despertarme sola era tan intenso, que me quedaba despierta hasta que mis lágrimas hacían que llamaran a mi madre para que me llevara a casa.

¿Te sientes identificada? ¿Alguna vez has tenido miedo a la noche? Si es así, es probable que el miedo haya disminuido con la edad, pero quizá no la aversión. De hecho, para muchas de nosotras la aversión va más allá y retrocede a las primeras horas de la tarde, y cada día respiramos hondo cuando empieza a ponerse el sol. ¿Podríamos quizás establecer una relación entre nuestra aversión a la oscuridad y la soledad? Seguro que está ahí, al acecho.

Muchas mujeres solteras temen llegar a la casa después del trabajo al final del día, cuando todavía faltan cuatro largas horas que pasar antes de acostarse. Llegamos a cierta edad cuando salir todas las noches no es físicamente factible ni sensato, así que tenemos que idear alguna forma de llenar esas horas, algo discreto, porque estamos demasiado agotadas por el día para hacer algo que requiera mucha energía.

Las mujeres solitarias no son las únicas que tienen miedo a la noche. También es un momento difícil del día para quienes atraviesan una etapa de falta de armonía conyugal. La mujer y su marido se sientan en silencio durante la cena y después se van a diferentes sectores de la casa para evitar la obligación de comunicarse, pero la hora de acostarse es la peor. Las mujeres más solitarias que conozco no son las solteras, sino las que tienen un matrimonio difícil. No hay nada más solitario que estar despierta junto a alguien con quien no puedes hablar.

La noche también llena de miedo a las madres de adolescentes rebeldes. ¿Saldrán sus hijos con malas compañías, quizá conducirán ebrios o correrán otro tipo de riesgos? Se les salta el corazón cada vez que suena el teléfono. Aunque estos temores maternales pueden darse a cualquier hora del día, son más pronunciados por la noche, porque las personas —adolescentes *y* adultos— pueden hacer más fácilmente en la oscuridad lo que no quieren que se vea a la luz. Como señaló el apóstol Pablo: "Pues los que duermen, de noche duermen, y los que se embriagan, de noche se embriagan" (1 Ts. 5:7).

Así que, por diversas razones, ya sean solteras o casadas, para muchas personas la noche es una misión diaria que simplemente hay que sobrellevar. La pregunta es: ¿qué podemos hacer al respecto? ¿Existe una cura para el miedo a las largas horas de la noche? Muchas buscamos un remedio observando lo que hacen otras personas. Preguntamos a nuestras amigas cómo pasan la noche con la esperanza de aprender algo que a nosotras se nos haya escapado. Esto es lo que nos cuentan:

> Un tiempo para mí: ¿Hablas en serio? Después de la cena, cuando los niños ya se acostaron, estoy demasiado cansada para hacer otra cosa que meterme en la cama y leer unos minutos hasta que me quedo dormida.
>
> Después de lavar los platos, Ben y yo salimos a dar un paseo, pero si está lloviendo, jugamos a algo o elegimos una película para ver.
>
> Hago algunas llamadas, me pongo al día con el correo electrónico y tal vez pago algunas facturas.
>
> ¿Las noches en casa? Ni siquiera puedo decirte la última vez que estuve en casa mucho tiempo antes de acostarme. Tengo actividades en la iglesia dos o tres noches a la semana, y las otras noches voy al gimnasio y luego quedo con una amiga para cenar.

Todo parece muy sencillo, pero, de alguna manera, por la razón que sea, esas actividades no funcionan para todas igual. Me desconciertan —y me dan mucha envidia— las personas que pueden pasar tan fácilmente del día a la noche. ¿Por qué no puedo encontrar una rutina que me dé resultado, un ritmo de vida en el que la alegría, la paz y la sensación de bienestar no dependan de la luz del día? Algunas estamos estancadas en este punto.

Estancadas en la oscuridad

El "estancamiento" nocturno no se produce de la noche a la mañana. Lo más probable es que la razón por la que estamos estancadas hoy es que en algún lugar del camino, antes, tomamos la decisión de hacer frente a la soledad nocturna simplemente escapando del problema. En lugar de acudir al Señor en busca de ayuda, recurrimos a la televisión. O tal vez sí acudimos al Señor, pero nuestro clamor de ayuda parece no haber tenido respuesta, así que, frustradas o desanimadas, recurrimos a la comida, al alcohol, a los somníferos o a una relación que traspasa los límites bíblicos. Y ahora, después de semanas, meses o incluso años de consentirnos en nuestra forma particular de escapar de la oscuridad, no podemos imaginarnos otra cosa. Si es así como nos encontramos hoy, sin duda nos sentimos desdichadas. Eso se debe a que, en lugar de escapar de la oscuridad, nos hemos atrincherado en ella.

Una vez que nuestra oscuridad espiritual termina, la oscuridad nocturna pierde también su antiguo poder.

Sin embargo, las que están en Cristo no pertenecen a la oscuridad, porque Dios "nos ha librado de la potestad de las tinieblas, y trasladado al reino de su amado Hijo" (Col. 1:13). Una vez que nuestra oscuridad espiritual termina, la oscuridad nocturna pierde también su antiguo poder. La oscuridad de la noche ya no tiene nada que decir sobre nosotras. Podemos elegir. Cuando se trata de nuestro bienestar, la noche puede ser lo mismo que el día. Mira lo que dijo Jesús: "Yo soy la luz del mundo; el que me sigue, no andará en tinieblas, sino que tendrá la luz de la vida" (Jn. 8:12). De día o de noche, Jesús es nuestra luz. Por eso no tenemos nada que temer cuando se pone el sol.

Si estamos unidas a Cristo y, aun así, seguimos huyendo de la realidad por medio de algo que nos adormece al final de cada día, ¿cómo es que hemos llegado hasta aquí? Si Él es nuestra luz, ¿qué hay que temer de la noche? Escucha al salmista cantar alabanzas por el cuidado tan personal de Dios:

> Aun las tinieblas no encubren de ti,
> Y la noche resplandece como el día;
> Lo mismo te son las tinieblas que la luz (Sal. 139:12).

Ven a la Luz

Las que conocen a Dios y están en Cristo no tienen nada que temer de la noche. Entonces, es lógico que terminemos por preferir nuestros propios mecanismos de escape si no creemos en Él o nos negamos a seguirlo. Y si lo estamos rechazando, es muy probable que, en el fondo de nuestro corazón, sea porque estamos resentidas con Él por no habernos dado lo que esperábamos y creemos que necesitamos. No nos dio un esposo; no cambió a nuestro esposo ni salvó a nuestro hijo descarriado. Sentimos que Dios nos defraudó y, por lo tanto, no podemos confiar en Él. Así que ahora, cuando son las seis de la tarde, simplemente nos despedimos hasta la mañana. Y llevamos tanto tiempo haciéndolo que ni nos damos cuenta de que llevamos una doble vida:

> Dios es luz, y no hay ningunas tinieblas en él. Si decimos que tenemos comunión con él, y andamos en tinieblas, mentimos, y no practicamos la verdad (1 Jn. 1:5-6).

Cuando el apóstol Pablo escribió a los cristianos de Tesalónica, los exhortó a estar preparados para el regreso de Jesús:

> Porque todos vosotros sois hijos de luz e hijos del día; no somos de la noche ni de las tinieblas. Por tanto, no durmamos como los demás, sino velemos y seamos sobrios. Pues los que duermen, de noche duermen, y los que se embriagan, de noche se embriagan. Pero nosotros, que somos del día, seamos sobrios, habiéndonos vestido con la coraza de fe y de amor, y con la esperanza de salvación como yelmo (1 Ts. 5:5-8).

Su advertencia vale para nosotras también. ¿Queremos estar adormecidas por el pecado cuando Él llegue? Por supuesto que no. Si estamos unidas a Cristo por la fe, somos hijas del día, incluso ahora, antes que Él vuelva. Entonces, ¿por qué pasar una parte de cada período de veinticuatro horas como hijas de las tinieblas? Eso es lo que estamos haciendo cuando dependemos de algo —cualquier cosa— menos del Señor para ayudarnos a superar la depresión nocturna.

Sin embargo, podremos prescindir de nuestras viejas e inútiles estrategias solo si nos ponemos esa armadura de fe, amor y esperanza. Una forma de revestirnos de ella es estar dispuestas a que Dios venga a nuestro encuentro en medio de nuestra soledad de una manera diferente a la que desearíamos. Si hacemos esto, tarde o temprano encontraremos que la noche ya no nos da miedo. Ya no nos paralizará no saber qué hacer con nosotras mismas durante esas noches solitarias y en lugar de ansiedad experimentaremos seguridad:

> Por demás es que os levantéis de madrugada, y vayáis tarde
> a reposar,
> Y que comáis pan de dolores;
> Pues que a su amado dará Dios el sueño (Sal. 127:2).

En el lugar del desaliento, tendremos esperanza:

Resplandeció en las tinieblas luz a los rectos;
Es clemente, misericordioso y justo (Sal. 112:4).

En términos prácticos, si estamos estancadas cuando se trata de averiguar cómo vivir la vida después de la puesta del sol, esto es lo que nos enseña el apóstol Pablo:

> Porque en otro tiempo erais tinieblas, mas ahora sois luz en el Señor; andad como hijos de luz… Mirad, pues, con diligencia cómo andéis, no como necios sino como sabios, aprovechando bien el tiempo, porque los días son malos. Por tanto, no seáis insensatos, sino entendidos de cuál sea la voluntad del Señor. No os embriaguéis con vino, en lo cual hay disolución; antes bien sed llenos del Espíritu, hablando entre vosotros con salmos, con himnos y cánticos espirituales, cantando y alabando al Señor en vuestros corazones; dando siempre gracias por todo al Dios y Padre, en el nombre de nuestro Señor Jesucristo. Someteos unos a otros en el temor de Dios (Ef. 5:8, 15-21).

Comencemos por reconocer nuestra condición: podemos estar solas en la oscuridad, pero nosotras no somos tinieblas. En el Señor somos luz. Si todo esto suena demasiado abstracto, podemos pedir al Señor que nos muestre cómo es en la práctica, y Él lo hará.

Podremos prescindir de nuestras viejas e inútiles estrategias solo si nos ponemos esa armadura de fe, amor y esperanza.

El cambio puede llevar tiempo, pero podemos empezar ahora mismo, a partir de hoy. Abordamos las últimas horas del día "con diligencia", tal vez al reconocer ante Dios —y quizá también ante una amiga— nuestra necesidad de ayuda divina para romper antiguos patrones y estrategias de supervivencia pecaminosas. Pidamos a Dios que encienda en nosotras la pasión "[aprovechar] bien el tiempo" durante esas horas previas a acostarnos. Al mismo tiempo, empecemos a sustituir nuestra antigua dependencia de actividades o sustancias adormecedoras por una confianza renovada en el Señor, y permitamos que su Espíritu, al que hemos apagado noche tras noche, nos llene de plenitud de gozo otra vez. En un plano muy práctico, Pablo señala en este pasaje la importancia de la comunión, la alabanza y la oración. En la medida en que nuestras antiguas estrategias de supervivencia hayan incluido el pecado, es probable que nos hayamos aislado de otros creyentes. Si nos sentimos solas por la noche —soledad—, ¿podría ser por eso?

El cambio vendrá a medida que demos los pasos necesarios para interactuar con otros creyentes. Para algunas de nosotras, estar demasiado cansadas para salir ha sido realmente una excusa para quedarnos en casa y adormecernos. Si somos de las que no podemos aventurarnos a salir de noche, lo que sí podemos hacer es llegar a la noche "cantando y alabando al Señor en [nuestros] corazones". Él es suficiente. Si tomamos en serio las palabras de Pablo y actuamos en concordancia, cambiaremos, aunque nuestras circunstancias no lo hagan.

Al final del día —¡literalmente!—, Dios no nos deja solas y espera que hagamos las cosas bien por nosotras mismas. La realidad es que, no importa lo que hagamos, a veces tendremos alguna que otra noche solitaria —o temporadas de noches solitarias— porque somos mujeres caídas que viven en un mundo caído con otras personas caídas. Y, como esta es la realidad, es probable que el temor de la noche venga a veces y nos envuelva como una manta fría, incluso cuando estamos haciendo todo lo posible para caminar como hijas de luz. Sin embargo, es justo aquí donde Dios aparece de una manera que no esperábamos. Él no nos dejas solas. De hecho, podemos estar seguras de que Él orquestra nuestros momentos de soledad con un buen propósito.

Luz en la oscuridad

Eso es exactamente lo que Dios hizo por el patriarca Jacob, que se encontró solo una noche oscura, en parte como consecuencia de su estilo de vida que, por lo general, era autoprotector. Cuando se quedó solo, "luchó con él un varón hasta que rayaba el alba" (Gn. 32:24). Este varón, que probablemente era el Señor mismo, permitió que la lucha se prolongara durante algún tiempo antes de lograr el resultado que esperaba: "Y cuando el varón vio que no podía con él, tocó en el sitio del encaje de su muslo, y se descoyuntó el muslo de Jacob mientras con él luchaba" (v. 25). El varón quiso marcharse, pero Jacob se aferró a él y le exigió que lo bendijera. En respuesta, el varón cambió el nombre de Jacob: "No se dirá más tu nombre Jacob, sino Israel; porque has luchado con Dios y con los hombres, y has vencido" (v. 28). Jacob caminaba con una cojera, pero le sirvió para recordar quién tenía el control de las cosas. El encuentro divino fue un punto de inflexión en la vida de Jacob. Y sucedió mientras se quedó solo.

La humildad también cambia nuestra visión, nos hace mirar hacia afuera y hacia arriba en vez de mirar hacia adentro.

No sabemos cómo este "varón" llegó a Jacob; de repente, estaba allí; pero podemos deducir que él inició la lucha. Eso es lo que hace Dios: viene a sacarnos de nuestros problemas y, sobre todo, de nosotras mismas. Eso es lo que hizo con Jacob aquella noche: lo llevó hasta el final de sí mismo. La lucha libre es un deporte agotador (por eso, los combates reglamentados duran solo dos o tres minutos), pero el combate de Jacob duró hasta el amanecer. El Señor podría haber terminado el combate victoriosamente en cualquier momento, por supuesto, pero permitió que se prolongara. De este modo, Jacob se debilitó, pero no se quebró, se vio forzado a rendirse, pero se mantuvo firme. Y en el momento perfecto del Señor, se produjo un quebrantamiento que humilló a Jacob. Ese era el objetivo del Señor desde el principio: humillar a Jacob.

La humildad genera dependencia de Dios o, mejor dicho, nos muestra lo dependientes que somos de Él. La humildad también cambia nuestra visión, nos hace mirar hacia afuera y hacia arriba en vez de mirar hacia adentro. En otras palabras, las personas humildes no son egocéntricas. La humildad también es necesaria para el arrepentimiento, porque sin ella nos mantenemos a la defensiva, reclamamos nuestros derechos y exponemos nuestras excusas y nuestras pequeñas autojustificaciones. Como escribió Pedro: "revestíos de humildad; porque: Dios resiste a los soberbios, y da gracia a los humildes. Humillaos, pues, bajo la poderosa mano de Dios, para que él os exalte cuando fuere tiempo; echando toda vuestra ansiedad sobre él, porque él tiene cuidado de vosotros" (1 P. 5:5-7).

Como me dijo una vez un querido pastor: "Dios siempre quebranta a los que planea usar". Dios tenía grandes planes para Jacob; planes que incluían el desarrollo integral de su plan redentor para todo su pueblo a través de un descendiente de Jacob, Jesucristo. Así que el quebrantamiento de Jacob era necesario, no solo para el bienestar de Jacob, sino para el bienestar de millones de personas y, finalmente, para la gloria de Dios. Dios también tiene planes para ti y para mí hoy, así que también nos quebrantará. Y esas noches solitarias pueden ser la oportunidad para quebrantarnos. Entonces, nos hace luchar, y nos fuerza a aferrarnos a Él en medio de una situación de la que, al fin y al cabo, no podemos escapar ni podemos remediar. En el proceso, Él nos domina diestramente y nos transforma aún más a su semejanza.

Por eso, cuando se acercan las cinco de la tarde, no tenemos por qué temer. No estamos solas cuando se pone el sol.

GUÍA DE ESTUDIO

Capítulo 4: La soledad de la noche

1. ¿Por qué crees que las horas nocturnas suelen ser más difíciles emocionalmente que las diurnas? Comenta cómo pasas las horas de la noche. ¿Qué actividades eliges?

2. Las Escrituras utilizan el concepto de la luz y la oscuridad para mostrarnos muchas verdades sobre Cristo y la vida en el reino de Dios. ¿Qué aprendes de los siguientes pasajes?

- Juan 1:1-5; 8:12; 12:44-46
- Romanos 13:12
- 2 Corintios 4:6
- 1 Tesalonicenses 5:4-5
- 1 Pedro 2:9
- 1 Juan 1:5; 2:8-9

3. Repasa Efesios 5:8-21, donde el pueblo de Dios es llamado "luz en el Señor" (v. 8). A partir de este pasaje, enumera las formas específicas en que debemos dejar brillar nuestra luz. ¿Qué términos de este pasaje podemos equiparar con las tinieblas y qué términos con la luz?

4. Repasa la historia de la larga noche de Jacob en Génesis 32. ¿Qué buscaba Dios con Jacob, y cómo logró Dios su propósito?

5. Los Salmos brindan consuelo y ayuda para nuestra ansiedad nocturna. ¿Cuál de los siguientes pasajes te habla más, y por qué?

- Salmos 3:5-6
- Salmos 4:8
- Salmos 121:3-4
- Salmos 127:1-2

De maneras misteriosas suele Dios aún obrar,
y así sus maravillas por los suyos efectuar.
Él cabalga sobre nubes, y los vientos y tempestad
son sus siervos enviados para hacer su voluntad.

En abismos insondables, con destreza y gran saber,
atesora sus designios, efectúa su querer.
¡Alentaos, pues, medrosos! Estas negras nubes son
de sus bendiciones llenas; traerán la salvación.

No juzguéis por los sentidos los designios del Señor,
si parece que las pruebas contradicen su amor.
Descansad en sus promesas, en su gracia confiad;
estas sombras son el manto con que envuelve su bondad.

Sus propósitos perfectos a su tiempo cumplirá,
y lo que es ahora amargo dulce fruto llevará.
La incredulidad es ciega, pues no mira más allá;
a la fe Dios se revela: todo nos aclarará.

William Cowper,
"De maneras misteriosas"

CAPÍTULO 5

LA SOLEDAD DE LA OBEDIENCIA

Colleen rompió con Jack. Sabía que era lo correcto, pero terminar la relación fue lo más difícil que había hecho. Cinco años juntos. Cinco años de esperanza y oración, pero Jack no tenía ningún interés real en Jesús. Sí, había ido a la iglesia con Colleen e incluso había asistido a un estudio bíblico para hombres durante unos meses, pero su corazón nunca estuvo allí. Los amigos de Colleen podían ver lo que ella no podía: que Jack hacía esas cosas solo para mantener la paz con Colleen.

Finalmente, Colleen pudo entender el consejo piadoso que había recibido a lo largo de sus años con Jack. "Dios nos llama a alejarnos de lo que estorba nuestra devoción a Él", le habían dicho repetidas veces. Sin embargo, en lugar de enfrentar esa realidad, Colleen había optado por permanecer con Jack con la esperanza de que se convirtiera en un fiel cristiano. "No voy a renunciar a él —les había dicho a sus amigas—. Tengo fe en que Dios lo cambiará". Sin embargo, Colleen no había entendido hasta el final que aferrarse a Jack no era fe, sino desobediencia. Aceptar la verdad le dio valor para poner fin a su relación.

Colleen tenía otra motivación para dejar a Jack: había cumplido treinta y dos años. Con su deseo de tener una familia propia, tuvo que enfrentar el hecho de que Jack nunca llegaría a ser el esposo que ella esperaba y, por lo tanto, debía estar libre para encontrar a un hombre piadoso. Así que unos meses después de la ruptura con Jack, una vez que el dolor disminuyó, Colleen comenzó a anticipar el futuro y se aventuró a actividades en las que podría conocer a un posible marido. Al principio, conoció a uno o dos hombres que parecían prometedores, pero ninguno de los dos resultó, así que, al cabo de unos meses, Colleen redobló sus esfuerzos y se unió a algunos sitios de Internet de búsqueda de pareja. Nada de nada. Nada.

• • •

Estas fueron las reflexiones de Colleen mientras yacía en la cama la mañana de su cumpleaños número treinta y cinco, un hito que no quería enfrentar al levantarse. Seguía soltera. Sin perspectivas reales. Mientras tanto, dos meses antes se había enterado de que Jack se había casado. ¿Por qué Dios no la había bendecido? Ella había sido obediente. Se había colocado en la posición espiritual correcta. Ahora, a los treinta y cinco años, no estaba ni cerca de tener su propia familia. Sentía que Dios la había defraudado, que la había dejado sola, abandonada en su soledad, y estaba resentida por ello.

¿Qué esperábamos?

Antes de juzgar a Colleen, preguntémonos si en verdad somos tan diferentes. ¿Alguna vez hemos obedecido a Dios a manera de negociación? Eso es exactamente lo que ocurre cuando nuestra esperanza de bendición se basa, como la de Colleen, en "colocarnos en la posición espiritual correcta". Y a veces no es que nosotras nos coloquemos en esa posición; la vida lo hace. Un hombre rompe con nosotras, perdemos nuestro trabajo o algún otro tipo de dificultad nos lleva a atravesar un tiempo de prueba espiritual, y llegamos a creer que, como resultado, alguna bendición importante y tangible está a la vuelta de la esquina. Cuando eso no sucede, a menudo terminamos como Colleen: resentidas.

La verdad es que caminar fielmente con el Señor a veces nos lleva a lo opuesto de lo que desearíamos. Así que tenemos que olvidar la idea de que hay una correspondencia directa entre la obediencia y las bendiciones terrenales que tanto esperamos. El propio Jesús advirtió a los aspirantes a discípulos que calcularan el costo de seguirlo, porque, en efecto, habría un costo. A veces, ese costo es la soledad. ¿Estamos dispuestas a estar solas o nos resentiremos con Dios y nos apartaremos de Él en incredulidad? Todo depende, ante todo, de por qué lo seguimos.

El día después que Jesús alimentara milagrosamente a cinco mil personas, muchas de ellas trataron de seguirlo, pero Él les dijo: "De cierto, de cierto os digo que me buscáis, no porque habéis visto las señales, sino *porque comisteis el pan y os saciasteis*" (Jn. 6:25-26). Cuando lleguen las pruebas de la fe y nuestros sueños parezcan no hacerse realidad, sabremos si lo amamos por lo que es o por lo que esperábamos que hiciera por nosotras. Si estamos resentidas por lo que ha orquestado en nuestra vida, podemos estar seguras de que lo hemos estado siguiendo por las razones equivocadas.

El costo de la obediencia

En este punto, podemos beneficiarnos de la historia de José, especialmente el relato de Génesis 39, donde lo encontramos trabajando como supervisor en la casa de un funcionario egipcio llamado Potifar. Hasta ese momento, las circunstancias de la vida de José habían sido dictadas, en gran medida, por otros. Sus hermanos lo habían vendido a traficantes de esclavos que lo habían llevado a Egipto, donde Potifar lo compró. Sin embargo, el pasaje señala: "Mas Jehová estaba con José" (v. 2). En el fondo, los hombres no estaban dictando la vida de José, sino Dios. Y el Señor bendijo a José con gran éxito en su trabajo, de tal manera que su reputación y responsabilidades aumentaron.

No obstante, el ascenso de José a la cima se derrumbó, una vez más, debido a las acciones de otros; en esta ocasión por una mujer.

La esposa de Potifar deseaba a José y trataba de seducirlo. Día tras día le suplicaba, pero José la rechazaba continuamente y le dijo: "He aquí que mi señor no se preocupa conmigo de lo que hay en casa, y ha puesto en mi mano todo lo que tiene. No hay otro mayor que yo en esta casa, y ninguna cosa me ha reservado sino a ti, por cuanto tú eres su mujer; ¿cómo, pues, haría yo este grande mal, y pecaría contra Dios?" (Gn. 39:8-9). No obstante, ella persistió, y finalmente sus insinuaciones verbales se volvieron físicas. Entonces, un día, ella tomó a José de su ropa y trató de provocar un encuentro sexual, pero José se apartó de ella y salió corriendo de la casa. Con la furia característica de una mujer despreciada, la esposa de Potifar afirmó que José había tratado de abusar de ella y, como resultado, José fue encarcelado.

¿Podemos ver de manera clara aquí que la obediencia a Dios no es necesariamente un camino directo a una bendición tangible? Ciertamente, no lo fue para José, que pasó de ser un supervisor de confianza a un preso despreciado, y no hay duda de que la prisión a la que lo enviaron carecía de abogados defensores de oficio y televisión por cable. Por el contrario, el Salmo 105 dice que "afligieron sus pies con grillos; en cárcel fue puesta su persona" (v. 18). Y todo eso *porque* obedeció a Dios.

Sin embargo, "Jehová estaba con José y le extendió su misericordia, y le dio gracia… y lo que él hacía, Jehová lo prosperaba" (Gn. 39:21, 23). Con el tiempo, pusieron al cuidado de José dos hombres de la prisión: funcionarios reales que habían sido desterrados de la administración por desagradar a su gobernante, el Faraón. Por medio de un don divino, José pudo interpretar los sueños de estos oficiales encarcelados, bajo la única condición de que, cuando uno de ellos fuera liberado, lo ayudara; pero, a pesar de la petición de José, el prisionero liberado "no se acordó de José, sino que le olvidó" (Gn. 40:23). José languidecería en prisión dos años más antes que el Señor orquestara su liberación y comenzara a desarrollar un poderoso plan de redención en el que José iba a desempeñar un papel principal.

¿Cómo le fue a José durante ese tiempo? No sabemos lo que pensó o sintió; todo lo que sabemos es que sobrevivió. Pero podemos estar seguras de que la soledad tuvo que haber sido un sentimiento predominante en su corazón, como lo demuestra el hecho de que se olvidaron de él, no lo recordaron. Que se olviden de nosotras siempre implica soledad, razón por la cual algunas personas temen a su cumpleaños. Mejor no tener ningún cumpleaños, que quienes nos importan lo olviden. Tratamos de convencernos de que es algo sin importancia, y en realidad, ¡lo es! Si dejáramos de pensar en nosotras mismas para pensar en los demás, no nos importaría en absoluto. ¡Sabemos que esa es la verdad! Y no queremos que nos afecte. No obstante, todavía nos duele ese aguijón, que es la soledad del olvido.

En realidad, no hay ni comparación entre que se olviden de nuestro cumpleaños y la situación penosa de José. El caso es que José estaba solo. Muchos lo habían maltratado y luego otros lo habían desechado y olvidado. Quizás José se sintió tentado durante ese tiempo oscuro a atribuir a Dios todo lo que había atravesado. No sabemos qué pasaba por su mente; solo sabemos que "hasta la hora que se cumplió su palabra, el dicho de Jehová le probó" (Sal. 105:19). Sin embargo, aunque no sabemos mucho sobre su estado de ánimo, sabemos que el Señor estaba con José en cada momento de sus días oscuros y que estaba dirigiendo todas las cosas y a todas las personas hacia el fin que Él se había propuesto. El hecho de la presencia soberana y amorosa de Dios es evidente para nosotras, pero es probable que no siempre haya sido tan claro para José. ¿Pensó él alguna vez en lo fácil que hubiera sido ceder ante la esposa de Potifar? No lo sabemos. Lo que sí sabemos es que no cedió. Se resistió. Se negó a pecar contra Dios, sin importar el costo.

¡Cuán diferentes somos de José! Si somos sinceras, la mayoría de nosotras tenemos que admitir que nos parecemos mucho más a Colleen. Trabajamos para poner en orden nuestra casa espiritual mediante nuestra obediencia a Dios, pero no obtenemos ninguna recompensa por ello. De hecho, nuestras circunstancias a menudo parecen peores después. Cuando eso sucede, somos muy prontas a quejarnos o cuestionar nuestra obediencia. Sin embargo, ese es precisamente el punto en el que nuestra fe está siendo probada. ¿Obedecemos a Dios porque lo amamos? ¿Lo seguimos porque nuestra pasión ha sido cautivada por los planes redentores de Dios, no solo para nuestra vida personal sino para todo su pueblo? Porque si se trata principalmente de lo que recibimos de Él en el aquí y ahora, terminaremos desilusionadas, incrédulas y solas como un agujero negro.

A pesar de todo lo que pudo haber pasado por la mente de José durante su miserable encarcelamiento, no se arrepintió de su obediencia, y no solo porque luego se convirtió en el segundo al mando de todo Egipto, sino porque la agenda de Dios era la agenda de José. En otras palabras, José vio todo lo que le había sucedido como un medio para hacer avanzar los planes y propósitos de Dios, y lo había aceptado como su propio propósito. Basta con mirar lo que les dijo a sus hermanos cuando finalmente se reunieron:

> Ahora, pues, no os entristezcáis, ni os pese de haberme vendido acá; porque para preservación de vida me envió Dios delante de vosotros. Pues ya ha habido dos años de hambre en medio de la tierra, y aún quedan cinco años en los cuales ni habrá arada ni siega. Y Dios me envió delante de vosotros, para preservaros posteridad sobre la tierra, y para daros vida por medio de gran liberación. Así, pues, no me enviasteis acá vosotros, sino Dios, que me ha puesto por padre de Faraón y por señor de toda su casa, y por gobernador en toda la tierra de Egipto (Gn. 45:5-8).

Sin ira, sin venganza, solo una declaración práctica sobre la supervisión soberana de Dios y su plan redentor. Es probable que José desarrollara y lograra una comprensión más profunda de los propósitos de Dios mientras su fe estaba siendo probada. Dios siempre tiene un propósito redentor en las temporadas solitarias de su pueblo, no solo para el beneficio de la persona solitaria, sino también "para preservación de [la] vida" de muchos. Los tiempos de soledad son tiempos de preparación, pero seremos capaces de ver esto y aceptar lo bueno de eso solo si hacemos nuestros los propósitos de Dios. Eso es lo que hizo José.

Dios siempre tiene un propósito redentor en las temporadas solitarias de su pueblo.

Sin embargo, la historia de José no termina con José. Nos lleva a alguien más que fue maltratado y sufrió por su obediencia: Jesucristo.

Un José superior

Al igual que José, Jesús también fue tentado. Y, al igual que José, también resistió (ver Mt. 4:1-11). No obstante, la resistencia de Jesús fue distinta. A diferencia de José, Jesús resistió por amor a nosotros, en nuestro lugar. Su negativa a ceder a la tentación nos cubre cuando nosotras cedemos. La obediencia perfecta de Jesús al Padre cubre nuestra obediencia imperfecta, poco entusiasta y con motivos mixtos.

Además, todas las adversidades de José resaltan las pruebas que Jesús experimentó como hombre. José pudo liberar a sus hermanos de la autoincriminación por todo lo que habían hecho al mostrarles el propósito superior de Dios, que encontró su máximo cumplimiento en la cruz de Cristo:

> Ahora, pues, ninguna condenación hay para los que están en Cristo Jesús, los que no andan conforme a la carne, sino conforme al Espíritu. Porque la ley del Espíritu de vida en Cristo Jesús me ha librado de la ley del pecado y de la muerte. Porque lo que era imposible para la ley, por cuanto era débil por la carne, Dios, enviando a su Hijo en semejanza de carne de pecado y a causa del pecado, condenó al pecado en la carne; para que la justicia de la ley se cumpliese en nosotros, que no andamos conforme a la carne, sino conforme al Espíritu (Ro. 8:1-4).

En Cristo no somos condenadas y hemos sido liberadas para andar conforme al Espíritu. Y puesto que el Espíritu habita en nosotras, nosotras también, al igual que José, ahora tenemos conocimiento de los propósitos superiores de Dios: preservar con vida a muchos. José fue un redentor de corta duración para un número limitado de personas, pero que representa a un Redentor para toda la humanidad, por toda la eternidad, a través de su vida, muerte y resurrección.

Nunca te lamentarás de obedecer.

La redención de muchas vidas fue a través del poder de Dios y José participó del plan de Dios. La pregunta es, ¿nosotras lo estamos haciendo? Colleen renunció a algo que deseaba, un novio, por algo que deseaba más: un marido; pero su plan no funcionó como esperaba. Colleen tiene una comprensión equivocada de cómo Dios obra y cuáles son sus propósitos, y por eso hoy no solo está sola, sino también amargada. Ella cree que Dios la defraudó. Por supuesto que eso no es cierto. El plan de Dios es completamente distinto y mucho más grande. Sus planes para Colleen podrían incluir el matrimonio. Ya sea que lo incluyan o no, lo que definitivamente incluyen es llevarla a una obra de redención superior en un lugar específico con personas particulares. Eso no significa que no estará sola en ocasiones y, sin duda, habrá temporadas de soledad. Pero incluso en esas temporadas, si deja de lado sus planes y acepta los de Dios, encontrará paz y plenitud de vida.

Nunca te lamentarás de obedecer, y si los propósitos de Dios llegan a ser los nuestros, conoceremos esa verdad en nuestra propia experiencia. Es lo que Pablo quiso decir cuando nos exhortó a presentar nuestro cuerpo a Dios como sacrificio vivo —dejar de lado nuestras propias metas para participar en las de Dios— y, al hacerlo, descubriremos que lo que Dios hace con nuestra vida es "la buena voluntad de Dios, agradable y perfecta" (Ro. 12:1-2).

GUÍA DE ESTUDIO

Capítulo 5: La soledad de la obediencia

1. Jesús conoce el corazón de los que lo siguen, como lo demostró cuando dijo a algunos de sus posibles seguidores: "De cierto, de cierto os digo que me buscáis, no porque habéis visto las señales, sino porque comisteis el pan y os saciasteis" (Jn. 6:25-26). ¿Qué podría decirte a ti en este aspecto?

2. ¿Cómo es que nuestra respuesta a la desilusión revela nuestra devoción por Dios? Da un ejemplo de tu propia vida mientras reflexionas sobre la vida de José en Génesis.

3. ¿En qué parte de tu vida te ha resultado costosa la obediencia? ¿Qué aprendiste en el proceso acerca de Dios y de tu devoción por Él?

4. Reflexiona sobre la afirmación: "Los tiempos de soledad son tiempos de preparación" (p. 74).

5. Lee Romanos 12:1-2. ¿Qué significa presentar nuestro cuerpo a Dios como sacrificio vivo? ¿Qué quiere decir Pablo aquí al afirmar que transformar nuestros pensamientos conforme a la mente de Cristo nos permite comprobar que la voluntad de Dios es buena?

Oh Jehová, tú me has examinado y conocido.
Tú has conocido mi sentarme y mi levantarme;
Has entendido desde lejos mis pensamientos.
Has escudriñado mi andar y mi reposo,
Y todos mis caminos te son conocidos.
Pues aún no está la palabra en mi lengua,
Y he aquí, oh Jehová, tú la sabes toda.
Detrás y delante me rodeaste,
Y sobre mí pusiste tu mano.
Tal conocimiento es demasiado maravilloso para mí;
Alto es, no lo puedo comprender.

¿A dónde me iré de tu Espíritu?
¿Y a dónde huiré de tu presencia?
Si subiere a los cielos, allí estás tú;
Y si en el Seol hiciere mi estrado, he aquí, allí tú estás.
Si tomare las alas del alba
Y habitare en el extremo del mar,
Aun allí me guiará tu mano,
Y me asirá tu diestra.
Si dijere: Ciertamente las tinieblas me encubrirán;
Aun la noche resplandecerá alrededor de mí.
Aun las tinieblas no encubren de ti,
Y la noche resplandece como el día;
Lo mismo te son las tinieblas que la luz.

SALMOS 139:1-12

CAPÍTULO 6

LA SOLEDAD DE HUIR

"¿Qué haces aquí?”. Eso es lo que el Señor le preguntó al profeta Elías cuando estaba escondido en una cueva del monte Horeb. Las conclusiones eran claras: Elías no estaba donde debía estar. Dios nos sigue haciendo la misma pregunta hoy. ¿Te la ha hecho a ti últimamente? No vendrá directamente de la boca de Dios, como sucedió con Elías, sino a través de los labios de una amiga cercana o la convicción del Espíritu Santo mientras leemos la Palabra de Dios. Sea como sea, podemos estar seguras de que sucederá si nos apartamos del camino de Dios.

Debajo de un enebro

Entonces, ¿por qué Elías, el gran profeta de Dios, estaba solo en esa cueva, donde lo encontramos en 1 Reyes 19? Al igual que con todos los que terminan en el lugar equivocado, el camino de Elías hasta el punto más bajo de esa cueva fue un proceso. Y, como suele suceder, llegó inmediatamente después de un momento cumbre. Solo un mes antes, Dios había realizado poderosos milagros a través del ministerio de Elías, donde había logrado la derrota de los enemigos de Israel y un avivamiento entre el pueblo de Dios. Sin embargo, en lugar de lograr para Elías la adulación y la prosperidad que disfrutan muchos ministros de alto perfil en la actualidad, el éxito de su ministerio resultó personalmente costoso.

Elías había expuesto a los ídolos prominentes de su época, los dioses de Baal, por lo que realmente eran, dioses falsos; y los adoradores de Baal se enfurecieron, en especial Jezabel, la esposa del rey de Israel. Ella había dedicado sus energías como primera dama de Israel a promover esos ídolos entre el pueblo. Estaba tan enojada que juró matar a Elías, y ahí es cuando leemos que "viendo, pues, el peligro, se levantó y se fue para salvar su vida" (1 R. 19:3). Este poderoso profeta, que se había mantenido firme contra toda una multitud de adoradores de Baal, huyó atemorizado de una mujer.

Después de un día de huir, estaba exhausto, así que se sentó debajo de un enebro. Elías no solo tenía miedo, sino que también estaba desanimado. Las dos emociones a menudo van juntas; de hecho, una alimenta a la otra. Sus emociones turbulentas son evidentes cuando expresa su angustia ante Dios:

> Y él se fue por el desierto un día de camino, y vino y se sentó debajo de un enebro; y deseando morirse, dijo: Basta ya, oh Jehová, quítame la vida, pues no soy yo mejor que mis padres (1 R. 19:4).

¿Alguna vez has estado tan deprimida que deseaste la muerte? Es lo que sucede a veces cuando el desaliento se convierte en desesperación. "Basta ya", dijo. En otras palabras, Elías estaba cansado de servir al Señor. Después de todo, ¿adónde lo había llevado? A estar acurrucado debajo de un árbol, con temor por su vida y completamente solo. El objetivo de Elías nunca había sido la fama, la popularidad o la riqueza; simplemente quería que los caminos de Dios triunfaran sobre los malvados y sus caminos. Pensó que había hecho un avance en ese buen objetivo al vencer a los dioses de Baal, pero dadas las amenazas de la reina Jezabel, tal vez se había equivocado al respecto. Parecía que su gran victoria no era tan grande después de todo. Quizás no había sido más eficaz que los profetas que lo precedieron. Entonces, ¿por qué molestarse más? "Basta ya".

Si esperamos que haya una correspondencia entre nuestro esfuerzo y el éxito, nos decepcionaremos.

Algunas de nosotras estamos sentadas debajo de un enebro hoy porque también hemos dicho: "Basta ya". Llegamos allí cuando descubrimos que nuestro hijo fue el único no invitado a la fiesta en la piscina del vecindario porque los demás padres no quieren que sus hijos se junten con los fanáticos de la Biblia. Entonces, decimos: "Si esto es lo que sucede por predicar el evangelio con la esperanza de llevar la luz de Cristo a nuestros vecinos que están en tinieblas por el pecado, no vale la pena". "No me importa si me rechazan a mí, pero a mi hijo, ¡esa es otra historia!". O nos sentamos debajo de un enebro después de ver que el estudio bíblico que dirigíamos disminuía en tamaño a pesar de nuestros esfuerzos en preparar lecciones bíblicamente sólidas para la reunión de cada semana. Se rumorea que las mujeres que dejaron de participar ahora asisten a ese nuevo grupo más extravagante que estudia el libro del momento. O llegamos allí cuando la joven a la que hemos estado discipulando durante horas y horas cada mes permanece atrapada en los mismos viejos patrones de pecado destructivos.

¿Qué estamos buscando realmente?

¿De qué sirve? ¿Por qué molestarse? Basta ya. Si no queremos terminar solas debajo de un enebro cuando lleguemos a ese punto, o si ya nos encontramos debajo de uno, hay algo que debemos comprender, y es que es probable que nuestro desánimo en servir a Dios y el deseo de huir estén arraigados en expectativas equivocadas. Si esperamos que haya una correspondencia entre nuestro esfuerzo y el éxito, nos decepcionaremos. A veces nos entusiasmamos con esa posibilidad, porque vemos que les sucede a otras personas. Un pastor escribe un libro y es bien recibido, por lo que se le anima a escribir otro y luego otro. En poco tiempo, se ha convertido en una "marca registrada" y se le insta a cultivar su marca registrada escribiendo más libros y publicaciones de blog. Cuando sus seguidores alcanzan cierto número, entonces tiene una "plataforma" bien establecida, lo que redunda en contratos de publicación y presentaciones más lucrativos. Solo desplázate por las noticias de Twitter de muchos autores cristianos populares y encontrarás tweets como estos:

> Aquí hay un enlace a mi opinión sobre…
>
> Mi nuevo artículo está activo en…
>
> Honrado de ser elegido para…
>
> Puedes encontrar mi horario de conferencias en…

Pensamos en eso como un éxito, pero ¿lo es realmente? Todo depende de cómo definamos el término. El apóstol Pablo lo definió con estas palabras que escribió mientras estaba en prisión:

> …conforme a mi anhelo y esperanza de que en nada seré avergonzado; antes bien con toda confianza, como siempre, ahora también será magnificado Cristo en mi cuerpo, o por vida o por muerte. Porque para mí el vivir es Cristo, y el morir es ganancia (Fil. 1:20-21).

Y con estas palabras:

> Y ciertamente, aun estimo todas las cosas como pérdida por la excelencia del conocimiento de Cristo Jesús, mi Señor, por amor del cual lo he perdido todo, y lo tengo por basura, para ganar a Cristo, y ser hallado en él, no teniendo mi propia justicia, que es por la ley, sino la que es por la fe de Cristo, la justicia

> que es de Dios por la fe; a fin de conocerle, y el poder de su resurrección, y la participación de sus padecimientos, llegando a ser semejante a él en su muerte, si en alguna manera llegase a la resurrección de entre los muertos (Fil. 3:8-11).

Conocí a una mujer joven hace unos años, que acababa de escribir su primer libro. Su entusiasmo era palpable al anticipar cómo podría cambiar su vida después que una famosa editorial cristiana publicara su libro. Unos meses más tarde, se convirtió en una autora de esta editorial y, aunque los comentarios fueron positivos, el libro no llegó a ser un éxito de ventas. De hecho, la recepción fue modesta y no recuerdo haber escuchado nada más al respecto después de su primera impresión. Sin embargo, recuerdo a esta joven autora expresar en las redes sociales poco después su desconcierto y decepción por no haber llevado su vida al lugar que había imaginado.

Cuando llegue la desilusión, descubriremos qué fue, ante todo, lo que motivó nuestros esfuerzos ministeriales. ¿Hemos estado sirviendo al Señor o a nuestras propias expectativas personales? ¿Hemos tenido celo por difundir la fama de Dios o por alcanzar cierto renombre? Y si ya hemos probado una pizca del éxito, ¿nos incita esa pizca a querer más? ¿Seguimos sirviendo a toda marcha porque tenemos miedo de desaparecer en el anonimato? Si nos encontramos solas debajo de un enebro, es posible que queramos pensarlo un poco.

Pues bien, Dios no nos deja solas debajo de nuestro enebro, como vemos con Elías. Dios envió un ángel para darle fuerzas y alentarlo a levantarse y seguir su camino. Incluso cuando huimos del servicio a Dios, Él no se aleja de nosotras. Si estamos en unión con Cristo, nada nos puede arrebatar de su mano (Jn. 10:28) ni hacer que nos dé la espalda (2 Ti. 2:13), ni siquiera si estamos desanimadas o atemorizadas, ni siquiera si estamos huyendo.

Cuando nos equivocamos

Elías siguió su camino hacia el monte Horeb, pero está claro que su perspectiva no había cambiado mucho, porque simplemente cambió el enebro por una cueva. Seguía estando prófugo... y solo. Huir de nuestra vida —la que Dios nos marca— siempre intensifica la soledad y el aislamiento. ¡Qué gran misericordia que Dios nunca cambia! Sus planes para nuestra vida no cambian ni sus intenciones de llevarnos al camino otra vez. Por eso, Elías escuchó la misma pregunta que había escuchado cuarenta días antes debajo del enebro: "¿Qué haces aquí, Elías?" (1 R. 19:9).

Entonces, Elías hizo algo que todas tendemos a hacer cuando nos enfrentamos a la verdad sobre nosotras mismas. Se puso a la defensiva y dijo: "He sentido un vivo celo por Jehová Dios de los ejércitos; porque los hijos de Israel han dejado tu pacto, han derribado tus altares, y han matado a espada a tus profetas; y sólo yo he quedado, y me buscan para quitarme la vida" (1 R. 19:10).

Si obtener resultados tangibles es nuestro requisito previo para servir, en algún momento estaremos obligadas a darnos por vencidas.

Trató de justificar su huida. Resaltó cuánto de sí mismo había puesto en servicio al Señor y cuán poco sus esfuerzos parecían haber valido la pena. En lugar de tener una visión a largo plazo, estaba obsesionado con los resultados a corto plazo. Ahí vemos otro factor en nuestro propio desaliento. Si nos enojamos cuando la Internet es lenta o nos irritamos excesivamente por la persona con su carrito de compras lleno en el carril rápido, entonces es muy probable que nos desanimemos si los esfuerzos de nuestro ministerio no dan frutos visibles pronto. Somos personas que quieren todo instantáneo y llevamos esa expectativa a cada área de la vida; pero Dios no obra de esa manera, como lo revelará una mirada detenida a su obra en la historia de la redención. Cuando se trata de resultados, servir fielmente a Dios significa servirlo a ciegas. Es posible que nunca veamos el fruto de nuestras oraciones, nuestra enseñanza, nuestra escritura, nuestra crianza piadosa o cualquiera que sea nuestro llamado. Si obtener resultados tangibles es nuestro requisito previo para servir, en algún momento estaremos obligadas a darnos por vencidas. Solo seguiremos adelante si hacemos lo que Pablo instruyó: "Y todo lo que hagáis, hacedlo de corazón, como para el Señor y no para los hombres" (Col. 3:23).

Aunque Elías no vivía en una cultura de resultados garantizados como la nuestra, estaba atrapado en un modo de pensar a corto plazo, que distorsionó por completo su visión. "Y sólo yo he quedado", se quejó. Eso no era cierto. Elías estaba lejos de ser el único israelita que despreciaba a los dioses falsos y buscaba su destrucción. Su desánimo distorsionó su perspectiva, que lo hacía sentir mucho más solo de lo que realmente estaba. Lo irónico es que, en realidad, *Elías se aisló para escapar de lo que era tan solo la ilusión de estar solo*. Hacia allá vamos con todo esto. Cuando nos alejamos del llamado de Dios, nos alejamos del pueblo de Dios y del disfrute consciente de la comunión con Dios mismo. Ya sea que huyamos porque las cosas se ponen difíciles, porque no se cumplen nuestras expectativas, porque secretamente envidiamos el éxito de los demás o porque el desánimo ha distorsionado nuestra visión, el resultado siempre es el mismo: la soledad.

¿Podría haber algo de esto en nuestra soledad actual? No siempre es fácil verlo, y corregir nuestra manera distorsionada de ver las cosas a menudo es un proceso, pero si nos volvemos a Dios, podemos estar seguras de que encontraremos nuestro camino otra vez. Eso es lo que le sucedió a Elías. Cuando Dios le hizo esa pregunta, Elías respondió y, aunque su situación era patética, las cosas comenzaron a cambiar. Dios nos recibe tal como estamos y se revela a sí mismo, tal como lo hizo con su profeta que sentía lástima de sí mismo.

Después de la queja de Elías, Dios ordenó al profeta que saliera de la cueva y subiera al monte delante de Él, y esto fue lo que sucedió:

> Sal fuera, y ponte en el monte delante de Jehová. Y he aquí Jehová que pasaba, y un grande y poderoso viento que rompía los montes, y quebraba las peñas delante de Jehová; pero

> Jehová no estaba en el viento. Y tras el viento un terremoto; pero Jehová no estaba en el terremoto. Y tras el terremoto un fuego; pero Jehová no estaba en el fuego. Y tras el fuego un silbo apacible y delicado (1 R. 19:11-12).

Dios le estaba mostrando a su profeta una importante verdad: los hechos trascendentales y las demostraciones espectaculares, ya sea en la naturaleza o en nuestros propios llamamientos, no son necesariamente manifestaciones directas de la presencia y el poder de Dios. A veces, quizás muy a menudo, su presencia y su poder se ocultan en las cosas que consideramos pequeñas e insignificantes. Dios se complace a veces en revelarse a sí mismo en la quietud.[1]

A veces, quizás muy a menudo, la presencia de Dios y su poder se ocultan en las cosas que consideramos pequeñas e insignificantes.

Después, Elías fue y se paró a la entrada de la cueva, y Dios le repitió su pregunta: "¿Qué haces aquí, Elías?" (1 R. 19:13). A pesar del espectáculo milagroso de la naturaleza al que el profeta había sido invitado en privado, dio la misma respuesta que antes: "He sentido un vivo celo por Jehová Dios de los ejércitos…", bla, bla, bla. Aun así, Dios no se dio por vencido con él. No esperó a que Elías se recompusiera solo. En cambio, Dios lo llamó a salir de la miseria en la que él mismo se había sumido: "Ve, vuélvete por tu camino" (vv. 14-15).

Volver al camino

La historia de Elías no se trata realmente de Elías, sino de Dios y de quién es Él para su pueblo… para nosotras. Huimos de su llamado,

1. Ver *ESV Study Bible*, ed. Wayne Grudem (Wheaton, IL: Crossway, 2008), nota sobre 1 Reyes 19:11-12.

nos quejamos, tratamos de escondernos de Dios y de otros creyentes. ¿Dónde nos lleva todo eso? A estar solas y a más soledad. Si nos encontramos en esta situación, dejemos de escucharnos a nosotras mismas, a nuestro diálogo interno que nos mantiene estancadas, y escuchemos a Dios y todo lo que nos dice en su Palabra. Sin embargo, aunque fallemos, Él no nos deja donde estamos, sino que viene y nos pregunta: "¿Qué haces aquí?". Luego nos vuelve a mostrar dónde podemos encontrarlo y nos indica el camino para que lo retomemos desde donde lo hemos dejado.

La historia de Elías trata, en última instancia, acerca de Jesús, quien había de venir "con el espíritu y el poder de Elías" (Lc. 1:17). A pesar de sus fallas, Elías fue en verdad un gran profeta, el más renombrado de todos en el Antiguo Testamento. A pesar de ello, lo que lo hizo tan grande no tuvo nada que ver con sus propios esfuerzos ni con su propia persona. La grandeza de Elías tuvo que ver con Aquel a quien señaló sin saberlo: el máximo y único profeta sin pecado, Jesucristo. Mientras que Elías abandonó su misión y huyó de Dios, Jesús cumplió su misión, incluso cuando sabía que llegaría un día en que Dios, aunque fuera por un breve tiempo, huiría de él. Mientras que Elías se quejaba de lástima por sí mismo incluso mientras comía el pan de los ángeles, Jesús, oprimido y afligido, "no abrió su boca" (Is. 53:7). En todos los sentidos, Jesús fue todo lo que Elías no pudo ser.

Jesús es la razón por la que nosotras también podemos levantarnos y volver a nuestro llamado y a la comunión con quienes están allí con nosotras, porque hacerlo bien y producir resultados no es la misión. Nuestro llamado es señalar al Único que lo hizo bien. Es Cristo el que está edificando su reino, no nosotras.

GUÍA DE ESTUDIO

Capítulo 6: La soledad de huir

1. "¿Qué haces aquí?". ¿Cuándo escuchaste esa pregunta y en qué circunstancias ocurrió?

2. Repasa 1 Reyes 19 (y también lee los sucesos que lo preceden en 1 Reyes 18). Describe cómo tales sucesos influyeron en la manera de pensar de Elías y lo desanimaron.

3. Describe tu llamado actual, ya sea un trabajo, servir en la iglesia, formar una familia o una combinación de esas cosas. ¿Qué te trae gozo acerca de tu llamado? ¿Qué te tienta a desanimarte? Explica por qué de cada caso.

4. ¿Alguna vez te alejaste de tu llamado? Si es así, ¿cómo y qué sucedió? ¿Qué te hizo volver a él? Si todavía estás huyendo, ¿qué verdades sobre Dios de la historia de Elías te inspiran más a volver a tu llamado?

5. ¿Qué llevó a Elías a pensar que estaba completamente solo cuando en realidad no lo estaba? ¿Puedes identificar pensamientos similares en tu propia vida?

Oh, solitario y afligido corazón,
tus sueños más vivos se han truncado,
y tus esperanzas marchitas y secas están
como rosas de verano.
Aunque tengas roto el corazón
y lágrimas por tus mejillas rueden,
busca en medio de tu dolor
a Aquel que todo lo sabe.

Oh, aférrate a tu Redentor,
tu Salvador, Hermano y Amigo.
Cree y confía en su promesa,
de guardarte siempre bajo su abrigo.
O bien espera y vela con paciencia,
y cuestiona todo lo que quieras,
sus brazos de amor y misericordia
todavía te rodean.

Alza tus ojos al cielo,
la tormenta pronto pasará,
y llegarás a ese refugio seguro
donde dolor ya no habrá.
Alza tus ojos al cielo,
confía y no desmayes,
pase lo que pase recuerda:
tu Salvador todo lo sabe.

Fanny Crosby,
"Tu Salvador todo lo sabe"

CAPÍTULO 7

LA SOLEDAD DEL DUELO

El duelo es una experiencia solitaria. Nadie más puede sentir exactamente lo que tú sientes, incluso cuando la fuente del dolor se comparta con otros. El duelo también varía en intensidad, no solo de una persona a otra, sino de una experiencia a otra.

Hace varios años perdí una preciosa mascota. Mi duelo era real, y estaba agravado por la soledad de sentir que tenía que ocultar la profundidad del dolor que sentía por la muerte de un animal. Una década después, falleció mi padre y experimenté el dolor a un nivel completamente nuevo. Durante semanas, fue como las fluctuaciones de una marea oceánica, y cada vez que llegaban las olas, me golpeaban con tal fuerza que casi no podía respirar.

Cuando llega el final

Lo que hace que el duelo sea tan... tan *doloroso* es el carácter terminante de todo. Phil Ryken lo expresa muy bien:

> Todos llevan una carga. Podría ser la muerte de un padre o una madre, un hermano o una hermana, algo que ocupa

> nuestros pensamientos todos los días. Podría ser la muerte de un sueño, algo que esperábamos que sucediera, pero que ahora sabemos que nunca sucederá. Podría ser la muerte de la familia que pensábamos que teníamos, pero ahora todo se ha derrumbado. El duelo es el dolor de saber que la vida nunca volverá a ser la misma.[1]

Cuando ese final es la muerte de un ser querido, debemos enfrentar el hecho de que nunca más, al menos en esta vida, tendremos una conversación, un momento agradable o una unidad con el que se ha ido. Y nos angustiamos por no haberlo valorado cuando lo teníamos. Más doloroso aún es darse cuenta de que ya se terminó el tiempo para recomponer lo que estaba mal. Todas las relaciones están contaminadas por algo que está mal de una forma u otra, porque todos estamos contaminados por el pecado. Lo peor de todo son los pensamientos cargados de culpa que exigen un lugar en nuestro corazón por demás abrumado. Los comentarios hirientes que desearíamos nunca haber dicho; las acciones egoístas que desearíamos jamás haber hecho; los pedidos de ayuda que nos negamos a atender; nadie puede ayudarnos a resolver esto. Ninguna palabra amable puede borrar el pasado. Estamos solas en nuestro dolor.

Un duelo agravado

Seguramente, ese fue el caso del rey David después de la trágica muerte de su hijo Absalón. Su relación en los años previos al fatídico día no había sido buena. De hecho, no podría haber sido mucho peor. Absalón, descontento por el liderazgo de su padre, había decidido arrebatarle el reinado a David y apoderarse de él. Los esfuerzos de Absalón resultaron infructuosos; sin embargo, hizo que David se tuviera que esconder para salvar su vida. A pesar de las malas intenciones de Absalón, David tenía corazón de padre y amaba a su hijo. Así que, cuando el enfrentamiento decisivo era inminente y el ejército de David se preparaba para ir a la batalla contra los hombres de

1. Phil Ryken, *When Trouble Comes* (Wheaton, IL: Crossway, 2016), 57.

Absalón, David ordenó a sus comandantes: "Tratad benignamente por amor de mí al joven Absalón" (2 S. 18:5).

David esperó en su casa y su ciudad noticias del frente de batalla. Desde luego, deseaba la victoria de su ejército; pero más aún, deseaba que su hijo, incluso del bando enemigo, salvara su vida. Así que esperó con mucha ansiedad. Finalmente, llegaron las noticias y el mayor temor de David se hizo realidad: Absalón había muerto. David se encerró rápidamente en su cuarto privado y clamó con dolor: "¡Hijo mío Absalón, hijo mío, hijo mío Absalón! ¡Quién me diera que muriera yo en lugar de ti, Absalón, hijo mío, hijo mío!" (v. 33).

El duelo es el dolor de saber que la vida nunca volverá a ser la misma.

Seguramente, en los pensamientos de David había recuerdos de épocas anteriores de Absalón cuando era niño, cuando era adolescente y de los buenos años antes que comenzaran los problemas. Sin duda, también pensó en sus propias fallas como padre, de las cuales hubo muchas: las fallas morales que tuvo frente a sus mismos hijos y su comportamiento a veces pasivo en la crianza de ellos cuando las crisis entre hermanos requerían la fuerte acción de él como padre (ver 2 S. 13). Y ahora nunca tendría la oportunidad de reparar las cosas, de hacer que la relación volviera a ser positiva. No, su hijo había muerto y había sido separado de su padre.

Para agravar el terrible dolor de la pérdida de David, se sumaba el hecho de que lo condenaban por estar afligido por alguien que se había convertido en un enemigo nacional; un hecho que lo dejaba sin ningún consuelo humano. Entonces, su comandante, Joab, fue a casa de David y le dijo:

> Hoy has avergonzado el rostro de todos tus siervos, que hoy han librado tu vida, y la vida de tus hijos y de tus hijas, y la vida de tus mujeres, y la vida de tus concubinas, amando a

> los que te aborrecen, y aborreciendo a los que te aman; porque hoy has declarado que nada te importan tus príncipes y siervos; pues hoy me has hecho ver claramente que si Absalón viviera, aunque todos nosotros estuviéramos muertos, entonces estarías contento (2 S. 19:5-6).

Después de la reprensión, Joab le aconsejó que se dibujara una sonrisa en el rostro y que saliera a saludar a sus siervos, porque "si no sales, no quedará ni un hombre contigo esta noche; y esto te será peor que todos los males que te han sobrevenido desde tu juventud hasta ahora" (2 S. 19:7).

David escuchó las palabras de Joab y salió a sentarse frente a su pueblo, en la que fue, seguramente, la hora más solitaria de ese día sombrío. Sin duda, David experimentó la realidad de que la soledad a veces es mucho más intensa en medio de una multitud que cuando estamos solas. Cuando nos vemos obligadas a ocultar nuestro dolor, sea cual sea la razón, nos sentimos aisladas del mundo que nos rodea. Completamente solas.

La soledad se intensifica aún más cuando nos damos cuenta de que nuestro dolor hace que algunos de los que nos rodean se sientan incómodos. No saben qué decir y muchos sienten la compulsión de tratar de aliviar nuestro dolor. La autora Nancy Guthrie, que ha sufrido la pérdida de dos hijos, comprende esa incomodidad:

> Aunque les dijeras la mejor frase que se te ocurra (como si tal cosa existiera), eso no aliviará el dolor ni resolverá el problema de las personas que están en duelo… La verdad es que no hay nada que puedas decir que haga que su pérdida duela menos. Dolerá por un tiempo. No te buscan para encontrarle sentido a su pérdida o para que le digas algo en lo que no han pensado o cualquier cosa que alivie su dolor. El propósito de tus palabras es estar a su lado en su dolor y hacerles saber que no están solos.[2]

2. Nancy Guthrie, *What Grieving People Wish You Knew about What Really Helps (and What Really Hurts)* (Wheaton, IL: Crossway, 2016), 23.

Varón de dolores

Eso es todo lo que en verdad anhelamos en nuestro dolor: saber que no estamos solas. Sin embargo, nuestra soledad solo se agrava cuando escuchamos ese cliché bien intencionado, pero falso: "El tiempo cura todas las heridas". El tiempo puede sepultar las heridas, pero no las sana. Solo Jesús puede hacerlo, por eso, en la soledad y la impotencia del dolor, es a Él a quien debemos acudir. En Él encontramos una compañía en el dolor que ningún otro ser humano puede ofrecer. Primero, Jesús entiende nuestro dolor porque Él mismo fue "varón de dolores, experimentado en quebranto" (Is. 53:3). Y su tipo de comprensión es mucho más que la pequeña medida de consuelo que obtenemos cuando alguien se identifica con nosotras y nos dice: "Me puedo identificar contigo. Yo he pasado por lo mismo". En realidad, hay poco consuelo en esas palabras, porque mentalmente estamos gritando: "¡No, no te ha pasado lo mismo!". Es diferente con Jesús, porque Él sí conoce nuestro dolor personal: "Ciertamente llevó él nuestras enfermedades, y sufrió nuestros dolores" (Is. 53:4).

La soledad se intensifica aún más cuando nos damos cuenta de que nuestro dolor hace que algunos de los que nos rodean se sientan incómodos.

Cuando pagó por nuestro pecado en la cruz, también cargó con el peso de sus consecuencias: cada sufrimiento y cada quebranto de cada uno de los suyos. Es algo que escapa a nuestra comprensión, pero es verdad. Él nos conoce íntimamente, y su conocimiento incluye una comprensión de lo que cada una de nosotras siente de manera personal. No estamos solas, después de todo.

¿Hemos acudido a Él en la soledad de nuestro propio dolor? Si no, tal vez sea porque, en cierta medida, nos preguntamos cómo podemos encontrar consuelo en Aquel que, para empezar, tenía el poder de haber evitado esa pérdida. Así es exactamente como se sintieron María y Marta después de la muerte de Lázaro: "Señor, si hubieses estado aquí, mi hermano no habría muerto", le dijeron (Jn. 11:21, 32). Y aunque Jesús sabía el gozo que estaba a punto de traer a estas dos hermanas, sintió su desconsuelo: "Jesús entonces, al verla [a María] llorando... se estremeció en espíritu y se conmovió. Jesús lloró" (vv. 33, 35). Jesús no solo se identifica con nosotras, su corazón se conmueve profundamente igual que el nuestro. Eso es lo que hace el amor verdadero, pero *solo* el amor verdadero es capaz de hacerlo.

Un día, hace varios años, una colega laboral abandonó nuestra oficina abruptamente. Su hermana, que había estado sufriendo un estado gripal grave, acababa de ser internada en un hospital porque su condición había empeorado de manera drástica. Mi colega y yo teníamos una relación laboral sólida, pero en ese momento no éramos amigas cercanas, así que simplemente oré por ella y seguí con mi trabajo. Unas horas más tarde, me enteré por mis compañeros de trabajo que la hermana de mi colega había muerto. La conmoción que todos sentimos fue comprensible: las mujeres relativamente jóvenes en países bien desarrollados no suelen morir de gripe. Lo que no entendí al principio fue la aflicción que sentía. Cerré la puerta de mi oficina y lloré por su pérdida y su dolor. Con repentina claridad me di cuenta de que mi reacción emocional era un indicio de amor. En algún punto del camino, se había convertido en más que una colega; se había convertido en mi amiga.

Jesús es nuestro amigo y nos ama mucho más de lo que podemos amarnos los unos a los otros. ¿Cuánto más, entonces, se aflige por nuestro dolor? Él nunca se siente incómodo ante nuestro dolor. Él nunca nos reprende cuando parece que no podemos superarlo. Él permanece allí a nuestro lado y se ofrece a sí mismo como nuestro consuelo. Porque Él está allí, no estamos solas en nuestro duelo.

GUÍA DE ESTUDIO

Capítulo 7: La soledad del duelo

1. Describe tu experiencia de duelo más angustiosa. ¿Cómo influyó la soledad? ¿Sabes por qué?

2. Analiza los factores que intensificaron el dolor de David por la pérdida de su hijo Absalón. ¿Te identificas con alguno de esos factores?

3. Isaías 53:3-4 describe a Jesús como un "varón de dolores, experimentado en quebranto". Mientras recuerdas lo que sabes de su vida a partir de los relatos de los Evangelios, describe incidentes específicos que cumplen la profecía de Isaías.

4. Vuelve a leer la historia de Lázaro en Juan 11. ¿Qué desencadenó la manifestación emocional de tristeza de Jesús? ¿Cómo consoló a María y Marta?

5. "Eso es todo lo que en verdad anhelamos en nuestro dolor: saber que no estamos solas". Reflexiona sobre esta afirmación de la página 94.

¡Oh cabeza sagrada y ensangrentada!
A causa de una dolorosa tortura,
pues las espinas que te rodean,
de la corona son que te desfigura.
¡Oh cabeza sagrada y gloriosa!
¡Bendita eres en verdad!
Aunque despreciada y lastimosa,
celebro tu victoria por la eternidad.

¿Qué palabras prestadas podré tomar
para darte gracias, Amigo amado,
por tu dolor y agonía sin par
y tu piedad que no se ha acabado?
Señor, hazme tuyo por la eternidad,
y un servidor leal a ti,
que mi amor hasta el final
jamás se agote por ti.

ISAAC WATTS,
"Oh cabeza sagrada"

CAPÍTULO 8

LA SOLEDAD DE SER DIFERENTE

La sala de espera del consultorio médico estaba llena de gente y mucho ruido. Había planeado usar el tiempo de espera para ponerme al día con una lectura que tenía pendiente, pero no pude concentrarme. Al recordar las dos sillas vacías que había visto en el pasillo junto a la puerta, me llevé mis pertenencias y reanudé mi lectura. Unos minutos más tarde, un hombre pasó y entró en la sala de espera, solo para volver a salir casi de inmediato y tomar asiento a mi lado. *Debe ser otro lector*, pensé. Sin embargo, no tenía ningún libro ni teléfono celular, sino que solo se sentó. Momentos después, me sobresalté cuando el cuerpo del hombre se sacudió violentamente al tiempo que emitía un fuerte resoplido. Fingí que no me había dado cuenta. Menos de treinta segundos después, otro violento sacudón y resoplido, seguido de otro y luego otro. Con súbita claridad, me di cuenta de por qué había dejado la sala de espera por la soledad del pasillo. Aunque sentía compasión por ese hombre, no sabía cómo responder. No me atrevía a mirarlo y, aunque estábamos a solo unos centímetros de distancia, él tampoco me miró. Mientras yo había salido al pasillo en busca de un poco de paz y tranquilidad, él había salido para evitar las miradas de disgusto de una sala de espera llena de gente. No podía hacer nada más que orar por él, lo cual hice. Traté de mirarlo a los ojos con una sonrisa antes de dejar el pasillo, pero él no me miró. ¡Qué vida más solitaria!

Marginada

Ser diferente, en especial de una manera que ofende la sensibilidad de los demás, sin duda, genera una soledad de las más profundas. Para algunos, la causa puede ser una enfermedad, como el hombre de aquel consultorio médico. Otros nacen con deformidades o quedan desfigurados en un accidente. Y para muchos de los que viven muy afligidos, no habrá remedio en esta vida. ¿Dónde está Dios en todo esto?

Si bien no podemos conocer sus propósitos en cada uno de estos casos, su Palabra revela algunos de ellos y, a través de una mujer enferma que aparece en el Evangelio de Marcos, conocemos su propósito principal. La historia de esta mujer se encuentra en Marcos 5:25-34. Tenía una enfermedad ginecológica que la había azotado durante doce largos años. Había buscado toda clase de ayuda médica posible, pero fue en vano. Su condición solo empeoraba y también lo hacía su sufrimiento. Lo peor de todo, quizás, era su sufrimiento social. Su condición le producía un flujo constante de sangre, lo que en esos días le impedía integrarse en la sociedad. La gente la consideraba inmunda, y la ley le ordenaba que se identificara de tal manera. Para colmo de males, cualquiera que tuviera contacto con ella quedaba también inmundo, conforme a la ley.

> Y la mujer, cuando siguiere el flujo de su sangre por muchos días fuera del tiempo de su costumbre, o cuando tuviere flujo de sangre más de su costumbre, todo el tiempo de su flujo será inmunda como en los días de su costumbre. Toda cama en que durmiere todo el tiempo de su flujo, le será como la cama de su costumbre; y todo mueble sobre el que se sentare, será inmundo, como la impureza de su costumbre. Cualquiera que tocare esas cosas será inmundo; y lavará sus vestidos, y a sí mismo se lavará con agua, y será inmundo hasta la noche.

> Y cuando fuere libre de su flujo, contará siete días, y después será limpia (Lv. 15:25-28).

> Manda a los hijos de Israel que echen del campamento a todo leproso, y a todos los que padecen flujo de semen, y a todo contaminado con muerto (Nm. 5:2).

Claramente, su condición no era propicia para una vida social dinámica. De hecho, básicamente le impidió tener vida social durante más de una década. Sin duda, ese era uno de los peores aspectos de su enfermedad.

La bendición de estar desesperada

A pesar de su aislamiento, había oído hablar de Jesús, un hombre que, según lo que había escuchado, podía sanar enfermedades con solo una palabra y un toque. Así que, un día, se abrió paso entre una multitud de personas que lo estaban esperando. Desesperada y sin otra opción, reunió el coraje suficiente para estirar su mano y tocarlo mientras pasaba, con la esperanza de que nadie —a no ser el mismo Jesús— se diera cuenta. "Porque decía: Si tocare tan solamente su manto, seré salva" (Mr. 5:28). A veces, la desesperación es la puerta por donde entra la fe. "Y en seguida la fuente de su sangre se secó; y sintió en el cuerpo que estaba sana de aquel azote" (v. 29).

Jesús se dio cuenta de que había salido poder sanador de Él, por lo que se detuvo en seco. "¿Quién ha tocado mis vestidos?", preguntó (v. 30). ¿Acaso no lo sabía? Lo más probable es que lo supiera, pero quería que la mujer se diera a conocer. Estaba extendiendo una invitación y preparando no solo a la mujer, sino también a toda la multitud para que aprendieran algo sobre la fe.

Aunque estaba aterrorizada hasta el punto de desmayarse, dio un paso al frente. Después de todo, si un simple toque de su manto la había curado, ¡sin duda, era seguro acercarse! Así que la mujer se dio a conocer a Él y le contó su historia. Cuando Jesús oyó lo que había sucedido, dijo: "Hija, tu fe te ha hecho salva; ve en paz, y queda sana de tu azote" (v. 34). Eso es lo último que leemos sobre ella, pero dadas las costumbres judías de la época, podemos suponer con certeza que, luego de pasar por los rituales de purificación requeridos, se reintegró a la plena comunión dentro de su comunidad. Jesús la sanó, la limpió, la restauró.

"Lo creo —podrías estar pensando—, pero no sucede así con la mayoría de las personas que sufren. Entonces, ¿cómo me muestra esto dónde está Dios en las cosas que me aíslan?". Sin embargo, en realidad, *sí* sucede. Esto es exactamente lo que Dios hace por todas las personas que vienen a Él por fe: sana, limpia y restaura.

Sanada, purificada y restaurada

Nuestro problema no es que Dios no nos sane, sino nuestra expectativa de cómo debería ser tal sanidad. A veces no nos sana físicamente, aunque podría hacerlo, pero siempre nos sana espiritualmente. Y es, precisamente, en este punto que aprendemos el propósito principal de Dios que, para empezar, permitió que la mujer que aparece en el Evangelio de Marcos fuera afligida: Él quería sanarla del pecado y la separación eterna de Dios. Y Dios usó su enfermedad y el aislamiento social, que eso conllevaba, para llevar a cabo esa sanidad. La sanidad física que recibió fue temporal, solo para esta vida; pero su sanidad espiritual fue por toda la eternidad. El flujo de sangre cesó y le quitó la vergüenza de ser socialmente impura; pero eso también fue temporal, porque en aquellos días, antes de la muerte y resurrección de Cristo, la limpieza ritual era una necesidad constante en la vida del pueblo de Dios. Por eso, la limpieza que recibió de Jesús resalta algo mucho más grande: la limpieza que se obtiene al lavarnos en su propia sangre:

> Pero cuando se manifestó la bondad de Dios nuestro Salvador, y su amor para con los hombres, nos salvó, no por obras de justicia que nosotros hubiéramos hecho, sino por su misericordia, por el lavamiento de la regeneración y por la renovación en el Espíritu Santo, el cual derramó en nosotros abundantemente por Jesucristo nuestro Salvador, para que justificados por su gracia, viniésemos a ser herederos conforme a la esperanza de la vida eterna (Tit. 3:4-7).

Tendemos a pasar por alto este propósito principal —la sanidad espiritual eterna— porque vamos detrás de propósitos secundarios, como lo es dejar de sufrir en el momento. Pero ¿qué pasa si el propósito principal de Dios se alcanza mejor sin la eliminación de eso que no nos gusta y que tiende a aislarnos de los demás? La forma en que respondemos revela cuál deseamos más.

"Quiero ambas cosas —decimos—. ¿Por qué tiene que ser una cosa o la otra?".

Nuestro problema no es que Dios no nos sane, sino nuestra expectativa de cómo debería ser tal sanidad.

Ahí es donde nos estancamos y, porque estamos estancadas, concentramos toda nuestra energía en encontrar un remedio que nos haga normales y nos saque de la soledad que viene de ser diferente. Sin embargo, cuando ningún remedio funciona, a nuestra soledad se le suman la frustración y el desánimo.

Solo hay una salida de ese lodo, pero la *hay*, como nos muestra la mujer del Evangelio de Marcos. Es acercarse a Jesús. Él es el único que puede darnos lo que realmente anhelamos. Ciertamente, puede cambiar nuestras circunstancias si así lo desea. Y podría hacerlo. Pero incluso si no lo hace, no nos dejará solas a merced de nuestros propios recursos. Se ofrecerá a sí mismo, y si estamos dispuestas a dejar que haga su voluntad con nosotras y con nuestra dificultad, descubriremos que Él es exactamente lo que es: Aquel que llena todo lo que nos falta. Él quiere que lo conozcamos de esta manera y, a veces, permitir que continuemos donde no queremos estar es la única forma de conocerlo. Como bien se ha dicho, a veces no sabemos que Dios es todo lo que necesitamos hasta que Dios es todo lo que tenemos.

¡Qué bueno es!

Si la perspectiva de la sanidad espiritual no nos maravilla lo suficiente como para seguir adelante y tocar su manto, por así decirlo, es solo porque no entendemos cuán enfermas estamos en verdad. Ninguna enfermedad o accidente nos daña tanto como el pecado, y el pecado es la fuente principal de todo aislamiento. No importa cuál sea nuestra enfermedad física, nuestro corazón enfermo de pecado es lo que más necesita sanidad. Jesús es el único que tiene el remedio, y la sanidad que Él ofrece comienza desde el momento en que nos acercamos a Él y penetra en cada área rota de nuestra vida.

A veces no sabemos que Dios es todo lo que necesitamos hasta que Dios es todo lo que tenemos.

Dejamos de ver muchas cosas si nos fijamos solo en lo que necesitamos para encajar en el mundo que nos rodea. Nos imaginamos cuánto mejor sería la vida si *ojalá*... pero incluso si los *ojalá* sucedieran, no nos llenarán de la manera que pensamos que lo harán. Solo Jesús puede llenarnos. Si no estamos convencidas es porque no hemos probado realmente lo bueno que es, ¡qué bueno es *Él!* Una vez que lo hagamos, no despreciaremos más aquello que nos hace diferentes. Desde luego, no tiene que gustarnos, pero si persiste, podemos llegar a conocer una dulzura que no cambiaríamos por nada.

¿Estamos dispuestas? Esa es la verdadera pregunta. Si le permitimos elegir por nosotras, descubriremos mucho más de lo que esperábamos descubrir con todo nuestro esfuerzo.

Una historia de amor

Hace mucho tiempo, hubo un hombre que se enamoró de una mujer con la que nunca se habían encontrado. Este hombre era un amante de la belleza, especialmente de la música y la poesía, y logró un gran prestigio por su trabajo. El hombre y la mujer intercambiaron cartas durante meses, y en el proceso floreció un romance a larga distancia. Finalmente, llegó el día en que los dos se encontrarían. El hombre estaba nervioso y emocionado a la vez después de haber esperado este encuentro con gran alegría. Sin embargo, cuando la mujer lo vio, el romance se acabó. Ella le dijo: "Si tan solo pudiera decir que admiro el cofre tanto como admiro la joya que contiene".[1]

El hombre, este amante de la belleza, no era bello. De hecho, era extremadamente poco atractivo según los preceptos convencionales y, por eso, su posible enamorada lo rechazó. Su corazón estaba roto. Después de eso, nunca se casó. No obstante, en su angustia solitaria, descubrió algo más grande, y lo que produjo en su vida todavía glorifica a Dios y bendice a muchos hoy. Su hombre era Isaac Watts, el gran escritor de himnos.

En Jesús, las cosas que nos hacen diferentes y solitarios no tienen que ser una fuente continua de desdicha. Si dejamos de insistir en la respuesta que creemos que necesitamos y dejamos el resultado en sus sabias manos sanadoras, descubriremos mucho más de lo que esperábamos. "*Todo* lo hizo hermoso en su tiempo" (Ec. 3:11).

1. Susan Verstraete, "Isaac Watts—Rejected Suitor" (2006), consultado el 1 de agosto de 2016, http://www. bulletininserts.org/bulletininsert.aspx?bulletininsert_id=30.

GUÍA DE ESTUDIO

Capítulo 8: La soledad de ser diferente

1. ¿Hay algún aspecto de tu persona o de tu vida que te diferencie de los demás? Si es así, ¿cómo ha influido en tu soledad?

2. Repasa la historia de la mujer enferma en Marcos 5:25-34. ¿Por qué su enfermedad redundó en aislamiento social? ¿Por qué crees que se atrevió a tocar el manto de Jesús? ¿Por qué Jesús la sanó?

3. ¿De qué tres cosas podemos estar seguras cuando acudimos a Jesús en busca de sanidad? ¿Cómo suceden estas tres cosas?

4. ¿Por qué la sanidad espiritual no nos maravilla como debería hacerlo? ¿Cómo cambiamos nuestra perspectiva al respecto? Da una respuesta personal a cada pregunta.

5. ¿De qué manera el ser diferente bendijo a Isaac Watts y, a través de él, a muchos otros? Repasa su himno que aparece al comienzo de este capítulo.

Acercaos, pecadores,
Cristo os puede perdonar;
aquejados de dolores,
Él os puede restaurar.

Sed, oh pobres, acogidos,
de sus dones disfrutad;
fe y pesar que Dios concede
por su gracia y su piedad.

No os retrase la conciencia,
ni el anhelo de alcanzar
la bondad que Dios demanda
y que solo Él puede dar.

Os la ofrece, os la ofrece,
Él os puede alumbrar.
Acercaos, cojos, mancos,
la caída os mutiló.

¡He aquí el Hijo, ya exaltado,
reivindica el gran valor
de la sangre derramada
como fianza por amor!

Joseph Hart,
"Acercaos, pecadores"

CAPÍTULO 9

LA SOLEDAD DE SER IMPURA

En la orilla oriental del mar de Galilea, había una vez un pequeño pueblo llamado Gadara. En las afueras, cerca de la orilla, se encontraban los sepulcros, un lugar lúgubre y desolado donde los moradores del pueblo sepultaban a sus muertos. Pero, los muertos no eran los únicos que ocupaban esa tierra desolada. Había un hombre que vivía allí. Los sepulcros eran la morada adecuada para este hombre, porque, en cierto modo, estaba muerto en vida. Retenido bajo el poder opresivo de "un espíritu inmundo", evitaba a los moradores del pueblo, y nadie de entre los moradores era tan fuerte como para dominarlo (Mr. 5:1-4). Sí, muchos habían tratado de ayudarlo, de dominar las manifestaciones de sus demonios internos, pero en vano. El maligno que lo dominaba obraba no solo para aislarlo de la gente, sino también para flagelar su propio cuerpo, que "de día y de noche, andaba dando voces en los montes y en los sepulcros, e hiriéndose con piedras" (v. 5).

Es difícil imaginar una vida más terrible, ¿verdad? Leemos esta historia en el Evangelio de Marcos, y parece muy alejada de todo lo que sucede en nuestro mundo. Sin embargo, en realidad, hay muchas personas como este hombre solitario en todas partes, incluso hoy. Están en nuestras ciudades y escuelas. Incluso en nuestras iglesias y en nuestros propios hogares. Quizás nosotras mismas somos como él. No reconocemos la presencia del mal, porque los espíritus inmundos de nuestra época, al menos en países occidentales desarrollados como el nuestro, rara vez poseen a las personas de una manera tan agresiva. Cuando pensamos en la influencia demoníaca, lo que nos viene a la mente es la fuerza que convertía a Linda Blair en un monstruo sobrenaturalmente fuerte, que giraba la cabeza hasta 360 grados y vomitaba verde en *El exorcista*. Pero, como algunos han dicho, el mejor truco de Satanás es hacer que la gente crea que no existe y, una vez que lo hace, ya no reconocemos su obra como solo eso: *su* obra. No en vano las Escrituras señalan que "engaña al mundo entero" (Ap. 12:9).

Demonios e ídolos: una pareja hecha en el infierno

La obra principal de Satanás es robar a Dios su gloria, y lo hace principalmente haciendo lo que sea necesario para cegar al mundo al único Señor verdadero, Jesucristo. A Satanás realmente no le importa lo que hacemos o a quién adoramos, siempre y cuando no sea a Jesús. Satanás nos distraerá como pueda. Por eso sabemos que él tiene especial interés en el pecado de la idolatría.[1] Un ídolo es cualquier cosa o persona en quien confiamos o de quien dependemos de tal manera que desplaza el señorío de Cristo de nuestro corazón. Entregarnos a un ídolo y permitirle tener dominio sobre nuestra vida es un pecado de idolatría. En nuestra cultura, que niega a Dios, la idolatría tiene otros nombres: adicción, codependencia, enfermedad, disfunción. Como sea que la llamemos, si consideramos el comportamiento idólatra desde una perspectiva bíblica, podemos ver que la influencia demoníaca, aunque trabaja en conjunto con nuestra propia naturaleza pecaminosa, siempre es la base.

La influencia de los demonios en el pecado de la idolatría se evidencia en el hecho de que la idolatría implica una adoración equivocada. Un idólatra se vuelve cada vez más dependiente de

1. Ver *ESV Study Bible*, nota sobre 1 Corintios 10:19-20.

su ídolo, porque cree que el ídolo tiene el poder de satisfacer sus necesidades y sus anhelos, por lo que construye su vida en torno a él, y hace lo que sea necesario, a toda costa, para salvaguardar su lugar de preeminencia en su vida. ¿Puedes ver que esta es la esencia de la adoración?

Un ídolo es cualquier cosa o persona en quien confiamos o de quien dependemos de tal manera que desplaza el señorío de Cristo de nuestro corazón.

Nunca tomamos la decisión consciente de convertirnos en idólatras, pero sí tomamos la decisión de entregarnos a lo que finalmente nos llevará a serlo. Sucede gradualmente, a medida que recurrimos repetidas veces a algo o alguien que no es Dios para satisfacer una necesidad o un deseo. Con el tiempo, se forma una dependencia, ya sea por placer o como vía de escape y, en el proceso, desplazamos a Dios. Como dijo Jesús: "Ninguno puede servir a dos señores; porque o aborrecerá al uno y amará al otro, o estimará al uno y menospreciará al otro. No podéis servir a Dios y a las riquezas" (Mt. 6:24). Cuando un ídolo gobierna nuestro corazón, Jesús no ocupa ese lugar. Cualquier amo al que sirvamos es a quien realmente adoramos.

La influencia de los demonios en el pecado de la idolatría también se evidencia, de manera flagrante, en lo que el apóstol Pablo les dijo a los corintios, al advertirles: "Huid de la idolatría... no quiero que vosotros os hagáis partícipes con los demonios. No podéis beber la copa del Señor, y la copa de los demonios; no podéis participar de la mesa del Señor, y de la mesa de los demonios" (1 Co. 10:14, 20-21). La adoración de dioses falsos, respaldada por los demonios, siempre ha sido una tentación, incluso para el pueblo de Dios, desde los primeros días de la nación de Israel, cuando Moisés dijo de ellos:

Sacrificaron a los demonios, y no a Dios;
A dioses que no habían conocido,
A nuevos dioses venidos de cerca,
Que no habían temido vuestros padres.
De la Roca que te creó te olvidaste;
Te has olvidado de Dios tu creador (Dt. 32:17-18).

Tal es la naturaleza de la idolatría. Está ahí en la feligresa del domingo por la mañana, que no asiste al estudio bíblico del miércoles por la noche, porque significaría renunciar a su cóctel nocturno. Está ahí en la adolescente, que gasta todas sus escasas ganancias en comida para encerrarse en su dormitorio a darse un atracón y después vomitar. Está ahí en la mujer, que se excede en sus gastos porque busca aliviar su ansiedad del día en la compra de un nuevo atuendo. Está ahí en la esposa desilusionada, que busca lo que siempre ha esperado en el lecho de hombres que no son su marido. Adoración idólatra. Espíritus inmundos.

Solo y moribundo

No sabemos cómo el hombre que aparece en el Evangelio de Marcos llegó a estar poseído por demonios, y no tenemos forma de saber qué había hecho, si es que hizo algo para llegar a esa condición. No necesitamos saberlo, porque los demonios e incluso el hombre mismo no son el eje central de la historia. Solo sabemos que estaba esclavizado por el maligno y que lo había dejado completamente aislado.

El aislamiento es otro indicador del enfrentamiento entre los demonios y la idolatría, y caracteriza la vida de un adorador de ídolos. La vergüenza es una causa; nos estremecemos por dentro ante la perspectiva de que nuestro pecado quede expuesto, así que nos escondemos. El aislamiento también es una forma de evitar la confrontación. Un idólatra no quiere que nadie interfiera y amenace con quitarle su dios falso. Siempre luchamos por aferrarnos a lo que creemos que tiene el poder de bendecirnos. Los idólatras están ciegos al hecho de que lo que perciben como bendición, en realidad, es esclavitud. Como escribió Pedro: "Porque el que es vencido por alguno es hecho esclavo del que lo venció" (2 P. 2:19). ¿Es así cómo te encuentras hoy? Si es así, es probable que estés al tanto de este círculo vicioso. Cuanto más continúas, más te aíslas, aunque a menudo no sientes la soledad porque crees que tienes todo lo que necesitas a través de tu ídolo. Todas nosotras, cualquiera que sea nuestro pecado favorito, podemos estar completamente solas a causa de eso y, sin embargo, ciegas a esa realidad. Lo irónico es el hecho de que, la mayoría de las veces, la idolatría comienza como un intento de escapar de aquello mismo que produce: soledad. La idolatría es un caldo de cultivo para la soledad.

La obra de los espíritus inmundos en una persona idólatra atada al pecado también incluye la autodestrucción. Los espíritus inmundos promueven la autodestrucción, como vemos en el hombre solitario que moraba en los sepulcros, que se hería con piedras. Independientemente de cómo se manifieste en la vida de un individuo, la idolatría produce autodestrucción; es un sello distintivo de la misma. La adoración de ídolos destruye nuestro cuerpo, nuestras cuentas bancarias y nuestras relaciones.

Independientemente de cómo se manifieste en la vida de un individuo, la idolatría produce autodestrucción.

No tenemos idea de cómo era el hombre que moraba entre los sepulcros, pero es bastante seguro suponer que no era agradable a la vista. La inmundicia hace eso. Los ídolos de las drogas y el alcohol, con el tiempo, desfiguran el rostro del que abusa de ellos —capilares rotos, piel descolorida, ojos sin brillo— así como los ídolos relacionales desfiguran la personalidad del idólatra. Cuando una persona se convierte en nuestro dios, perdemos nuestro sentido de la identidad; conformamos nuestra identidad a sus demandas y expectativas para mantener la dinámica relacional en marcha.

Jesús tiene la última palabra

Ya sea una sustancia, un ser humano o algo completamente distinto, los ídolos nos envuelven en la inmundicia tanto de los poderes de las tinieblas como de nuestro propio pecado. Y cuando permitimos que la impureza persista, también se distorsiona nuestra visión de Dios. El hombre de los sepulcros vio a Jesús como su torturador más que como su Salvador (Mr 5:7). Sin embargo, esto nos lleva de nuevo a donde queremos, porque, a pesar de su visión sesgada, cuando el hombre endemoniado vio a Jesús de lejos, "corrió, y se arrodilló ante él" (v. 6). Corrió *hacia* Jesús, no de Él, y Jesús limpió a ese hombre de los demonios. Jesús es Señor sobre todas las cosas. Tiene autoridad sobre todo espíritu inmundo, cualquiera que sea la forma que tome la impureza, y *ese* es el eje central de esta historia aquí en el Evangelio de Marcos. Los ídolos que nos esclavizan no son rival para el Señor del universo. No pueden estar delante de Él; pierden su poder.

Ropa limpia

¿Hay un ídolo en tu vida que te hace impura? Eso es lo que hace el pecado. Algunos años atrás me vi envuelta en una relación idólatra. Sabía que desagradaba al Señor, pero opté por ignorar ese hecho. No estaba lista para soltar las supuestas bendiciones que recibía de eso. Una noche, durante esa etapa oscura, tuve un sueño: un sueño vil en el que me acercaba a un montón de cosas de las que ni siquiera mencionamos en buenas compañías. No contaré los detalles vívidos; basta decir que reconocí que el sueño era una moraleja del estado en el que estaba mi vida y mi corazón.

¿Puedes identificarte con eso? Tal vez puedas, si no es por algún patrón de pecado específico en tu presente, tal vez sea por alguna impureza en tu pasado. El pecado nos ensucia por dentro y por fuera; por eso nos aísla de Dios y de la comunión con los demás. Esa fue la difícil situación de Josué, el sumo sacerdote en la profecía de Zacarías. En la visión de Zacarías, Satanás estaba haciendo un espectáculo de la inmundicia pecaminosa de Josué. De hecho, se nos dice que Josué estaba "vestido de vestiduras viles" (Zac. 3:3). Pero, Satanás no tuvo la última palabra. El Señor estaba presente y dijo: "Quitadle esas vestiduras viles. Y a él [Josué] le dijo: Mira que he quitado de ti tu pecado, y te he hecho vestir de ropas de gala...Y pusieron una mitra limpia sobre su cabeza, y le vistieron las ropas" (vv. 4-5).

El pecado nos hace impuras, y el pecado del que no nos arrepentimos es una puerta de entrada a los espíritus inmundos. No obstante, Jesús nos limpia con la sangre que derramó en la cruz para pagar por nuestro pecado. Él quita nuestra ropa sucia y nos viste con ropa limpia, y así quita la culpa y la vergüenza de nuestra impureza espiritual. Por eso, Jesús es la esperanza, la única esperanza, para aquellas de nosotras atrapadas en la esclavitud de la idolatría que nos aísla.

Lo que Jesús hizo por el hombre del Evangelio de Marcos, lo hará también por nosotras. Si incluso ahora mismo estamos atrapadas en las garras de una situación desagradable, con nuestro entendimiento entenebrecido, no tenemos que permanecer allí, aisladas entre los sepulcros. Jesús puede parecer lejano, pero no lo está. Podemos correr hacia Él con toda nuestra impureza, y Él nos limpiará. Eso es lo que hizo por el hombre endemoniado que se había postrado a sus pies. Las tinieblas que dominaban a ese hombre no eran rival para la Luz del mundo.

Él restaura todo lo que está roto

Después, cuando los moradores del pueblo oyeron lo que Jesús había hecho, vinieron a ver por sí mismos, y lo que vieron los asombró. El hombre a quien nadie había podido ayudar, el hombre del que tanto se compadecían y al que tanto temían —y, por consiguiente, evitaban— estaba sentado allí frente a ellos "vestido y en su juicio cabal" (Mr. 5:15).

Los ídolos nos roban. No solo roban nuestros afectos, nuestras relaciones y nuestra salud, sino también nuestra cordura. Por eso, Jesús es el único remedio para el idólatra. Los manuales prácticos, los programas de autoayuda y las personas bondadosas pueden ayudar a frenar el pecado y las manifestaciones del mal, pero no pueden liberar el corazón de un idólatra. Solo Jesús puede hacerlo, y solo Él puede limpiar una mente morbosa.

Solo Jesús puede restaurar totalmente las relaciones que se rompieron durante nuestra temporada de esclavitud. El hecho de que el hombre liberado de los demonios en Marcos se encontrara vestido indica su aptitud para volver a integrarse a la sociedad, reparar las relaciones rotas y formar otras nuevas. Su aislamiento había terminado.

Los ídolos nos roban. No solo roban nuestros afectos, nuestras relaciones y nuestra salud, sino también nuestra cordura.

Solo Jesús puede convertir un corazón dominado por el pecado que huye de Él en el corazón de un discípulo que anhela seguirlo. Eso es lo que hizo por el hombre de los sepulcros, cuya previa súplica de que Jesús lo dejara en paz se convirtió en la súplica de poder seguirlo.

Y solo Jesús puede dar a una vida antes desperdiciada un nuevo llamamiento con significado eterno. "Vete a tu casa, a los tuyos, y cuéntales cuán grandes cosas el Señor ha hecho contigo, y cómo ha tenido misericordia de ti", le dijo Jesús (Mr. 5:19).

Algunas de nosotras, incluso mientras leemos, seguimos atrapadas en las garras de algún pecado, merodeando entre los sepulcros, y las fuerzas del mal, los espíritus inmundos, están siempre listos para agravar nuestra esclavitud por medio del aislamiento, la autodestrucción y los pensamientos erróneos acerca de Dios. ¿Es así como estás hoy? Si es así, es bueno que sepas que la capacidad de responder sí a esta pregunta y enfrentar esta verdad es la gracia de Dios en tu vida. ¿Por qué no te levantas ahora mismo y corres hacia Jesús?

GUÍA DE ESTUDIO

Capítulo 9: La soledad de ser impura

1. Repasa la historia del hombre poseído por los demonios en Marcos 5:1-20. Describe cómo era su vida entre los sepulcros.

2. A partir de los pasajes de las Escrituras mencionados en este capítulo, reflexiona en la relación entre los demonios y la idolatría.

3. ¿Puedes identificar ídolos en tu vida? Si es así, ¿cómo te han "envuelto en la inmundicia"? ¿Cómo te han esclavizado? ¿Cómo te ha aislado de los demás la adoración a los ídolos?

4. Lee Zacarías 3:1-5. En la visión del profeta, ¿qué hace Satanás y cómo triunfa Dios sobre él?

5. ¿Cómo cambió el hombre del Evangelio de Marcos después que Jesús lo liberó? Mientras piensas en esto, piensa de qué manera puede cambiar tu vida cuando finalmente abandones a tus ídolos y experimentes la limpieza de Jesús. Si ya has dado este paso, describe de qué manera ha cambiado tu vida como resultado.

Algunos se quedan; otros se van;
amados vivientes, amor en sus ojos traerán;
y la luz del día harán brillar más,
así como sus tiernas voces, al viento calmarán.
Mas si así no fuera; si no pudiera hallar amor
en todo este mundo falto de consolación,
ni ningún camino que sentido tenga,
ante el amor que al polvo volvió;
y si frente a ese sepulcro inerte,
sola me quedara (como un corderito abandonado
que por los páramos bala fatigado),
clamaría: ¿Dónde estás, mi amado, mi todo?
Y sé que una voz respondería: "Hija, YO SOY".
¿Acaso solo para el cielo soy suficiente y para la tierra no?

Elizabeth Barrett Browning,

"Consolación"

CAPÍTULO 10

LA SOLEDAD DEL AMOR EQUIVOCADO

Los profesionales de la salud nos aconsejan beber ocho vasos de agua al día. No sé tú, pero a mí me cuesta consumir esa cantidad recomendada. Sin embargo, me las arreglo para beber agua con algunos aditivos que realcen su sabor: bien caliente con una rodaja de limón, saborizada con un poco de carbonatación o agua mineral finamente embotellada. No soy ciega a lo que hay detrás de mi lucha contra el consumo de agua: soy una norteamericana consentida, que nunca ha experimentado verdadera sed. Las personas que tienen que trabajar para obtener agua no tienen dificultad en consumir agua corriente. A diferencia de mí, no perciben el sabor extraño que proviene del grifo, suponiendo que tengan un grifo.

Una mujer despreciada

Cuando Jesús estuvo en esta tierra, las personas sacaban agua de los pozos, y esta tarea diaria no era fácil, ya que había que sacar una cantidad suficiente tanto para consumo humano como para el ganado. Sacar agua del pozo era tarea de las mujeres, y en el clima cálido del desierto de Medio Oriente, la caminata diaria hasta el pozo se hacía típicamente temprano en la mañana o en la noche, cuando las temperaturas eran más frescas (ver Gn. 24:11). Sin duda, la extracción de agua también constituía un momento social para las mujeres, ya que iban y venían del pozo todos los días, lo que sumaba un aspecto agradable a una tarea que, de otra manera, sería ardua y rutinaria.

Sin embargo, en Samaria había una mujer que caminaba sola hasta el pozo al mediodía, la hora más calurosa del día, cuando ninguna de las otras mujeres estaría allí.

Prefería hacer su trabajo en soledad, ya sea para evitar a las otras mujeres o para escapar de la realidad de que era a ella a quien querían evitar. Fuera lo que fuera (quizás ambas cosas), era una mujer solitaria, tanto por nacimiento como por malas decisiones. Primero, era samaritana, una raza de personas que los judíos despreciaban. A eso se sumaba su escandalosa historia relacional.

La alta sociedad la rechazaba, pero no el Señor. Jesús salió a su encuentro un mediodía en el pozo de Jacob, en el pueblo de Sicar, y le pidió que le diera un poco de agua de su cántaro. La mujer samaritana se sobresaltó bastante por su petición, y le dijo: "¿Cómo tú, siendo judío, me pides a mí de beber, que soy mujer samaritana?" (Jn. 4:9). Ciertamente, Jesús estaba sediento; venía de un caluroso y polvoriento viaje desde Judea antes de detenerse en el pozo. Pero Él estaba más preocupado por la sed de ella, que por la suya propia. Sabía que la sed de esta mujer era mucho más profunda que para apagarla con un cántaro de agua, entonces la invitó a beber agua viva en lugar de agua del pozo, y le dijo: "Cualquiera que bebiere de esta agua, volverá a tener sed; mas el que bebiere del agua que yo le daré, no tendrá sed jamás; sino que el agua que yo le daré será en él una fuente de agua que salte para vida eterna" (vv. 13-14).

A ella le gustó cómo sonaba eso, y le respondió: "Señor, dame esa agua, para que no tenga yo sed, ni venga aquí a sacarla" (v. 15). Ella lo había malinterpretado, como solemos hacer nosotras. Sentimos nuestras necesidades físicas y emocionales tan fuertes y apremiantes que no comprendemos que nuestra necesidad más profunda es espiritual. Eso es lo que Jesús quería que ella comprendiera, y es lo que quiere que nosotras también comprendamos.

Sentimos nuestras necesidades físicas y emocionales tan fuertes y apremiantes que no comprendemos que nuestra necesidad más profunda es espiritual.

Verdadero refrigerio

Todas podemos identificarnos con la figura del agua que Jesús usó aquí en su conversación con la mujer samaritana, y no solo porque necesitamos beber para sobrevivir. También podemos identificarnos con el agua, porque solemos usar —o usar mal— tanto la comida como la bebida para hacer frente a las dificultades de la vida. Es probable que, en un momento u otro, cada una de nosotras haya sentido la tentación de recurrir a ellas en busca de consuelo, una vía de escape o el placer que no podemos encontrar en otro lugar.

Debido a esta realidad, y a que la comida y la bebida son tan vitales, las invitaciones bíblicas al evangelio —nuestra mayor necesidad y la respuesta a nuestros anhelos más profundos— a menudo se hacen en estos términos. Lo vemos, por ejemplo, en Isaías:

> A todos los sedientos: Venid a las aguas; y los que no tienen dinero, venid, comprad y comed. Venid, comprad sin dinero y sin precio, vino y leche. ¿Por qué gastáis el dinero en lo que no es pan, y vuestro trabajo en lo que no sacia? Oídme atentamente, y comed del bien, y se deleitará vuestra alma con grosura (Is. 55:1-2).

También lo encontramos en la invitación a la fiesta de la mujer sabia:

> La sabiduría edificó su casa,
> Labró sus siete columnas.
> Mató sus víctimas, mezcló su vino,
> Y puso su mesa.

> Envió sus criadas;
> Sobre lo más alto de la ciudad clamó.
> Dice a cualquier simple: Ven acá.
> A los faltos de cordura dice:
> Venid, comed mi pan,
> Y bebed del vino que yo he mezclado.
> Dejad las simplezas, y vivid,
> Y andad por el camino de la inteligencia (Pr. 9:1-6).

El agua viva era la verdadera necesidad de la mujer solitaria que estaba junto al pozo. Tenía una sed terrible que había pasado años sin poder saciar, porque había estado tratando de sacarla de un pozo seco. Por esa razón, inicialmente tomó la oferta de Jesús de darle agua viva en términos meramente físicos. Jesús lo sabía, por supuesto, así que la llevó a una situación incómoda cuando le dijo: "Ve, llama a tu marido, y ven acá. Respondió la mujer y dijo: No tengo marido" (Jn. 4:16-17).

Entonces, Jesús profundizó aún más: "Bien has dicho: No tengo marido; porque cinco maridos has tenido, y el que ahora tienes no es tu marido; esto has dicho con verdad" (Jn. 4:17-18). En otras palabras, le dijo: "has estado bebiendo el agua equivocada y no has podido saciar tu sed".

Agua buena y mala

¿Somos tan diferentes a ella? Al igual que la mujer samaritana, buscamos saciar nuestra sed con lo que percibimos que nos traerá amor y un poco de felicidad, pero muchas veces nuestros intentos de satisfacción nos dejan desesperadamente solas. Sin embargo, no es así como fluye el agua viva. Jesús no fue a su encuentro en el pozo ese día para saciar las ansias de amor de la mujer samaritana, aunque, por supuesto, la amaba. El punto central de lo que Jesús quería que comprendiera no tenía que ver con ella, sino con Él.

Cuando estamos obsesionadas con obtener el tipo de amor que creemos que necesitamos, la invitación de Jesús a beber agua viva no nos convence. Muy a menudo no nos convencemos hasta que logramos ver, en comparación, el vacío de nuestra propia búsqueda que domina nuestra vida. La invitación de Jesús es un llamado a aferrarnos a Él. Y, sorprendentemente, cuando lo hacemos, obtenemos la satisfacción que siempre hemos estado buscando; esa satisfacción que nada más nos puede proporcionar.

La mujer samaritana había tenido cinco maridos. No sabemos qué puso fin a cada uno de esos matrimonios, si ella los había abandonado o si los hombres la habían abandonado a ella. Tal vez uno o dos de esos maridos murieron. No lo sabemos; pero sí sabemos, dado que actualmente vivía con un amante, que sus normas morales eran bastante débiles.

Seamos realistas, muchas de nosotras podemos vernos reflejadas en esta mujer. Puede que no hayamos tenido cinco maridos, pero conocemos la tentación de buscar la realización en el amor de un hombre o en la ilusión de amor que proyectan las relaciones sexuales fuera del matrimonio. O tal vez hemos tenido cinco maridos (o cuatro, o tres, o dos). Quizás hemos dedicado décadas de amistad exclusiva a un hombre en particular con la esperanza de que algún día nos proponga matrimonio, pero nunca lo hace. Entonces, ¿a quién más podemos acudir en este punto? Es demasiado tarde para esperar algo mejor. Nunca encontramos agua viva en estas relaciones. Son pozos secos, como los que el Señor tenía en mente aquí:

> Porque dos males ha hecho mi pueblo: me dejaron a mí, fuente de agua viva, y cavaron para sí cisternas, cisternas rotas que no retienen agua (Jer. 2:13).

Como señalé antes, las mujeres más solitarias que conozco no son mujeres solteras. Las más solitarias son aquellas que tienen un matrimonio difícil o aquellas que tienen una relación moralmente comprometida. Totalmente sola se siente una mujer cuando yace en la oscuridad junto a un hombre con quien no puede abrir su corazón ni sus pensamientos. Sin embargo, incluso el mejor de los matrimonios atraviesa temporadas de soledad, razón por la cual encontraremos el agua viva que anhelamos solo en Jesús.

¿Lo crees? Algunas de nosotras tenemos que admitir que, aunque en principio comprendemos que "Jesús es el agua viva", nuestra comprensión personal de ello se ha quedado un poco corta. Si ese es el caso, ¿podría ser que no conocemos a *Jesús* como nuestra agua viva porque lo hemos estado buscando para que haga de nuestro *hombre* nuestra agua viva? La mujer samaritana tenía la mirada puesta en lo que quería que Jesús *hiciera* por ella y no en lo que Él quería *ser* para ella: "Señor, dame esa agua, para que no tenga yo sed, ni venga aquí a sacarla". El agua viva que Jesús ofrece no es para mejorar nuestra vida amorosa, sino para algo mucho más profundo, rico y gratificante. Es para saciar la sed de una manera que el amor de un hombre, incluso el mejor hombre, el más piadoso, nunca podrá saciar.

Incluso el mejor de los matrimonios atraviesa temporadas de soledad, razón por la cual encontraremos el agua viva que anhelamos solo en Jesús.

Paradójicamente, cuanto más profundo es nuestro anhelo por el amor de un hombre, más esquivo se vuelve. ¿Alguna vez has notado eso? Las mujeres que están desesperadas por recibir amor a menudo alejan el amor que tanto desean. Cuando ocurre eso, en realidad, es una bendición disfrazada, porque Dios nunca tuvo la intención de que el amor de un hombre sacie la sed de una mujer. Si intentamos verlo así, nos dejará aún más secas. Solo Jesús es nuestra agua viva.

Un sorbo de agua viva

Algunas de nosotras, incluso ahora, vivimos como la mujer samaritana antes de encontrarse con Jesús, en medio del calor del día completamente solas. Realizamos nuestras tareas de tal manera que evitamos los susurros y las miradas esquivas de aquellos que conocen nuestras circunstancias, ya sean del pasado o del presente. Nos sentimos incómodas en la iglesia los domingos y rechazamos invitaciones a las actividades de los grupos pequeños, porque el estigma de nuestro quebranto relacional nos hace sentir incapaces de participar plenamente del compañerismo cristiano. Por esta razón, en realidad, nos sentimos menos solas en el mundo que dentro de la iglesia. O creemos que nuestro lugar en la iglesia se limita al grupo de recuperación después del divorcio o al almuerzo mensual para madres solteras. ¿Participación plena en reuniones de personas cristianas "normales"? Olvídalo.

Sin embargo, es a ellas a quienes Jesús se acerca. Él realmente nos busca, como lo hizo con la mujer samaritana, y nos ofrece el agua viva que es Él mismo. "Así es siempre en el ámbito espiritual —escribe James Boice—. Jesús es el que da el primer paso en acercarse a nosotros. Si fuera por nosotros, lo dejaríamos sentado al borde del pozo para siempre, pero Él no nos deja a merced de nosotros mismos. En cambio, viene a nosotros. Hace la primera pregunta, inicia la conversación, usa todos los mecanismos para penetrar en nuestro corazón. A veces es una pregunta, a veces una orden, a veces un comentario casual de otra persona, pero siempre proviene de Él".[1] Y entonces, cuando nos unimos a Él, ya no nos caracterizamos por las heridas relacionales; ya no nos persigue el estigma. "De modo que si alguno está en Cristo, nueva criatura es; las cosas viejas pasaron; he aquí todas son hechas nuevas" (2 Co. 5:17).

En Cristo encontramos una identidad completamente nueva: la identidad de Cristo se convierte en la nuestra. Cuando bebemos de esta agua viva, descubrimos que nuestras relaciones humanas pierden el poder de definirnos, y la ilusión de que pueden saciarnos comienza a evaporarse. Y por primera vez entendemos cuál es nuestra verdadera necesidad, lo que causa nuestra sed. Después de todo, no es el amor de un hombre lo que necesitábamos, sino ser libres de pensar que lo necesitábamos. No es borrar nuestras malas decisiones

---

1. James Montgomery Boice, *The Gospel of John: The Coming of the Light*, vol. 1 (1999; reimpr., Grand Rapids, MI: Baker, 2005), 279.

del pasado, sino recibir perdón por ellas. No es librarnos de todas las consecuencias de nuestro pecado; es que la gracia de Dios redima esas consecuencias para nuestro bien y por el bien de otros a quienes nos enviará. Es como Jesús le dijo a la mujer samaritana:

> Mas el que bebiere del agua que yo le daré, no tendrá sed jamás; sino que el agua que yo le daré será en él una fuente de agua que salte para vida eterna (Jn. 4:14).

Eso es lo que le pasó a la mujer en Samaria. Creo que podemos inferir con certeza que ella se enamoró de Jesús ese día, no principalmente por algo que ella dijera o hiciera, sino porque Jesús fue a buscarla y la encontró. Por eso, descubrió lo que les sucede a todos los que buscan la vida en Él: el estigma de la vergüenza y el pecado y la soledad resultante se terminan. Sabemos que esto es lo que le sucedió, porque *de inmediato* —no en un momento indeterminado o con el tiempo— "la mujer dejó su cántaro, y fue a la ciudad, y dijo a los hombres: Venid, ved a un hombre que me ha dicho todo cuanto he hecho. ¿No será este el Cristo?" (vv. 28-29).

Esta mujer de quien la gente se alejaba, lo que hacía que ella se aislara, ahora corrió a buscar a otros en lugar de alejarse de ellos. No fue a buscarlos como carne de cañón para la murmuración, sino como una reportera de buenas noticias para ser redimida de la murmuración. No fue con escándalo sexual, sino con un anuncio del escándalo de la cruz. No fue con el tema de su propia humillación, sino con el gozo de Cristo. Esa agua viva ya estaba brotando.

Después de eso desaparece de la historia, pero nos deja un triple legado. Primero, tanto de su vida como de su encuentro con Jesús, vemos que el amor de un hombre nunca apagará nuestra sed más profunda. Segundo, vemos que en Jesús nuestros pecados relacionales del pasado y nuestros anhelos relacionales en el presente no tienen que definirnos. Finalmente, vemos que beber del agua viva que brota para vida eterna nos hace centrarnos en Cristo y eso, a su vez, nos produce gozo, fomenta el amor y remedia la soledad.

GUÍA DE ESTUDIO

Capítulo 10: La soledad del amor equivocado

1. Repasa la historia de la mujer samaritana en Juan 4:1-42. ¿Por qué esta mujer estaba aislada? ¿Cómo fue que Jesús la encontró en el pozo de Jacob?

2. ¿Cómo malinterpreta la mujer samaritana el ofrecimiento de agua viva de Jesús? ¿Por qué lo malinterpreta?

3. ¿Por qué Jesús se refiere a Sí mismo como el "agua viva"? En otras palabras, ¿qué quiere que comprendamos de Él?

4. Repasa Proverbios 9:1-6 e Isaías 55:1-2. ¿Por qué las invitaciones de Dios en las Escrituras se expresan muchas veces en términos de comida y bebida? ¿Dónde más en las Escrituras se usa la comida y la bebida para ilustrar la vida en Cristo?

5. Reflexiona sobre esta declaración de la página 124: "Cuanto más profundo es nuestro anhelo por el amor de un hombre, más esquivo se vuelve". ¿En qué situación has sido testigo de esto?

Por las noches busqué en mi lecho al que ama mi alma;
Lo busqué, y no lo hallé.
Y dije: Me levantaré ahora, y rodearé por la ciudad;
Por las calles y por las plazas
Buscaré al que ama mi alma;
Lo busqué, y no lo hallé.
Me hallaron los guardas que rondan la ciudad,
Y les dije: ¿Habéis visto al que ama mi alma?
Apenas hube pasado de ellos un poco,
Hallé luego al que ama mi alma;
Lo así, y no lo dejé,
Hasta que lo metí en casa de mi madre,
Y en la cámara de la que me dio a luz.
Yo os conjuro, oh doncellas de Jerusalén,
Por los corzos y por las ciervas del campo,
Que no despertéis ni hagáis velar al amor,
Hasta que quiera.

CANTAR DE LOS CANTARES 3:1-5

CAPÍTULO 11

LA SOLEDAD DEL MATRIMONIO

Hay muchas esposas que se sienten solas. De hecho, las mujeres casadas pueden estar entre las personas que más se sienten solas. Una de las razones es que nadie espera que una esposa se sienta sola. Después de todo, ¿no se supone que el matrimonio es el remedio de Dios para la soledad? Eso es lo que ella cree, por lo que su soledad se ve agravada por la culpa. Y cuando intenta hablar de su soledad, la amonestan a dar gracias por la bendición de estar casada.

Tal vez tú eres una de esas esposas. Si es así, ¿sabes por qué te sientes sola? Tratar de responder esta pregunta puede ser parte del problema, porque a veces la soledad no tiene una causa lógica ni discernible. Simplemente, es así como te sientes. Una mañana, una querida amiga me llamó para hablar y durante nuestra conversación me comentó que se sentía sola. Mientras escuchaba, pensé: *¿Cómo es posible que tú, una madre ocupada y con un buen matrimonio, te sientas sola?*

Hasta ese momento, no había pensado mucho sobre este tema. Ahora que sí lo he pensado, me doy cuenta de que las mujeres que están siempre rodeadas de gente, de familia, no se sienten menos solas que el resto de nosotras. Es solo que estar siempre en compañía de otros enmascara ese sentimiento. Mi amiga se dio cuenta de lo que sentía uno de esos días pocos frecuentes en los que se quedaba sola; ese doloroso vacío que solo Dios puede llenar y que será sanado por completo cuando seamos perfeccionadas en la gloria, en nuestro hogar eterno con el Señor.

Las mujeres casadas pueden estar entre las personas que más se sienten solas.

Esposas solitarias

Sin embargo, otras mujeres se sienten desesperadamente solas por lo que sucede en su matrimonio. Pienso, por ejemplo, en Diane, cuyo marido vigila lo que ella come como un perro guardián, listo para reprenderla o mirarla con decepción si ella pide postre en un restaurante o toma un bocado de hojaldre con queso de la bandeja de aperitivos. "Me casé con una mujer delgada porque quiero una esposa delgada", le recuerda constantemente. La única vez que la soledad de Diane desaparece es inmediatamente después de un encuentro social en el que la felicitaron por su apariencia. Durante unas horas, al menos, disfruta de la calidez del rostro radiante de orgullo y aprobación de su marido. ¿La amaría si aumentara cinco kilos? "¡Por supuesto!", le asegura él, pero en su corazón no está tan segura. Y la idea de tener hijos la aterroriza por cómo puede cambiar su figura. Diane vive cada día con la soledad del amor condicionado.

• • •

También está Bella, cuyo marido regresa del trabajo malhumorado y poco comunicativo casi a diario durante los últimos seis meses. Cuando ella trata de preguntarle si le pasa algo, él le dice que no pasa nada, y si ella persiste, se vuelve irritable. Después de una cena silenciosa, enciende la televisión o se retira a la soledad de la oficina de su hogar. Ella se acuesta despierta a su lado por la noche y se pregunta si su marido está escondiendo algo. ¿Se habrá aburrido de nuestro matrimonio? ¿Tendrá un amorío? ¿Tendrá algún problema financiero? Su mente busca obsesivamente pistas. Su marido le asegura que no pasa nada; que todo está en su cabeza. Pero ella sabe que las cosas son diferentes. ¡Ella lo *sabe*! Esta nueva "normalidad" es la experiencia más solitaria de su vida.

• • •

Luego está Anne, cuyo esposo nunca cortó el cordón umbilical con su madre. Cuando se trata de los días festivos, las vacaciones y la crianza de los niños, su dominante suegra siempre tiene su opinión y siempre se sale con la suya. Anne vive en un estado de frustración constante y luego se siente culpable por no tener compasión. Después de todo, su suegra les prestó dinero para el pago inicial de la vivienda (aunque el préstamo estaba condicionado a que la compra se realizara muy cerca de su propia casa). Y, sí, a pesar de que su suegra aparece en su casa, sin invitación, para hacer una larga visita varias veces a la semana, siempre está dispuesta a cuidar a los niños en el último momento. Anne se da cuenta de que su suegra no es el verdadero problema; es la falta de voluntad de su esposo para ver la difícil situación de Anne y ponerse de su lado.

Justo el año pasado, Anne había estado emocionada ante la perspectiva de ser la anfitriona del Día de Acción de Gracias. Todas las fiestas de cada uno de los nueve años anteriores se habían celebrado en casa de su suegra. Este año, los padres de Anne viajaban desde otro estado, algo que ocurre con poca frecuencia, por lo que finalmente tenía una excusa valedera para organizar ese día festivo en su propia casa. Por primera vez pudo planificar el menú, la decoración y las actividades familiares, y lo hacía con alegre entusiasmo.

Tres días antes del Día de Acción de Gracias, Anne regresó a casa después de hacer una serie de mandados navideños y encontró un mensaje de voz de su suegra, que le informaba acerca de un cambio.

"Acabo de hablar con tu madre —le dijo a Anne—. La llamé para decirle que pensaba que sería mejor tener a todos aquí en mi casa para la cena de Acción de Gracias. Después de todo, tengo mucho más espacio. Le dije a tu madre que quiero librarte de las responsabilidades de la cena festiva, ya que hospedarás a tus padres durante todo el fin de semana. Por supuesto, cuando le expliqué todo eso, tu madre estuvo completamente de acuerdo. Así que los veré a todos aquí a las cuatro en punto".

Anne se quedó junto al teléfono temblando de rabia y luego llamó a su marido.

—¡Cómo se atreve a llamar a *mi* mamá! —se quejó entre lágrimas—. ¡Estaba lista para encargarme de todo, y ahora tu madre me ha quitado la posibilidad de hacerlo!

—¿Cuál es el problema? Es solo una comida —le respondió él.

¿El problema es tan claro para ti como lo es para mí? La verdadera fuente del problema de Anne no es su suegra (aunque, seamos sinceras, no es una joya). Es la falta de empatía de su esposo y su falta de voluntad para priorizar su matrimonio por encima de su madre. Anne se siente completamente sola en su difícil situación.

No puedo evitar comparar la situación de Anne (y la de tantas mujeres como ella) con la de mi amiga que, al acudir a sus padres en busca de consuelo durante su primer desacuerdo matrimonial como recién casada, recibió solo esta respuesta de su padre antes de colgar el teléfono: "Ahora eres una sola carne con él", le respondió. Y otra amiga, casada desde hace mucho tiempo, todavía recuerda el regalo que más apreciaba de su despedida de soltera. Dentro de una caja bellamente envuelta había un delantal al que se le habían cortado los lazos en una referencia a cortar los lazos con su futura suegra.

En matrimonios como el de Anne, es fácil identificar la frustración. Lo que es difícil de identificar es la soledad. Sin embargo, eso es lo que sucede cuando el que está destinado a ser su defensor es muchas veces su adversario. Cuando un esposo no hace nada y permite que su esposa sea manipulada egoístamente; cuando hace la vista gorda mientras los sueños, los planes y la personalidad de su esposa son aplastados, eso es abandono.

• • •

Lo peor de todo, por supuesto, es la soledad de la traición: la pérdida a menudo irreversible de la confianza y los sentimientos de fracaso e insuficiencia que experimenta una esposa con un marido infiel. A eso se suma la humillación que siente cuando se hace público el adulterio. Al menos, cuando la traición es de público conocimiento, la esposa traicionada puede encontrar algo de consuelo y apoyo en los amigos que la rodean con amor y muestras de indignación en favor de ella. Por eso, las traiciones más privadas, aunque quizás sean menos humillantes, son las más solitarias de todas.

Tal es la difícil situación de Madeline, cuyo esposo es un seductor serial. Ella teme las interminables fiestas de fin de semana a las que se siente obligada a asistir con él, mientras lo mira por el rabillo del ojo seducir a las invitadas y perseguirlas con intensa persuasión. ¿Nadie más lo ve?

—Es solo su personalidad —le dicen sus amigos—. Eso no quiere decir nada.

—Estás paranoica —le dice su marido.

No obstante, una esposa sabe.

Ella sabe cuándo él ya no encuentra su compañía muy estimulante, cuándo las obligaciones diarias de la vida matrimonial han desgastado el romance hasta convertirlo en rutina. Ella sabe cuándo su mente está en otra parte, incluso durante sus momentos de intimidad. Ella sabe lo que los demás no pueden ver, lo que su cónyuge no confesará. Está sola en su matrimonio.

• • •

La esposa amante de Cristo con un esposo incrédulo tampoco es ajena a la soledad del matrimonio. No puede compartir el aspecto más importante de su vida con la persona más importante de su vida y, a menos que él llegue al camino de la fe, no habrá remedio para esta soledad particular mientras ambos vivan. Hasta que la muerte los separe. El hogar, los niños, todo lo que constituye una vida compartida, no puede salvar ese abismo en particular. A eso se suma la fricción constante de un corazón manchado por el pecado que choca contra uno renovado por el Espíritu. El apóstol Pablo escribió: "No os unáis en yugo desigual con los incrédulos; porque ¿qué compañerismo tiene la justicia con la injusticia? ¿Y qué comunión la luz con las tinieblas?" (2 Co. 6:14). Una unión desigual como esta no es una unión real, y la fricción espiritual puede, con el tiempo, comprometer la vida espiritual.

Tales son las dificultades de una esposa cristiana con un esposo incrédulo, que, a pesar de su condición de soltero, el corazón de pastor de Pablo conocía muy bien y tuvo palabras de aliento para ofrecer:

> Y si una mujer tiene marido que no sea creyente, y él consiente en vivir con ella, no lo abandone. Porque el marido incrédulo es santificado en la mujer, y la mujer incrédula en el marido; pues de otra manera vuestros hijos serían inmundos, mientras que ahora son santos. Pero si el incrédulo se separa, sepárese; pues no está el hermano o la hermana sujeto a servidumbre en semejante caso, sino que a paz nos llamó Dios. Porque ¿qué sabes tú, oh mujer, si quizá harás salvo a tu marido? ¿O qué sabes tú, oh marido, si quizá harás salva a tu mujer? (1 Co. 7:13-16).

Pablo lleva esa fricción espiritual en otra dirección: a medida que vivimos nuestra fe, podemos ser de influencia, ya sea en gran o pequeña medida, tanto en las grandes crisis como en los asuntos triviales del día a día. Podemos exhibir el poder de Cristo y su cruz, como también escribe Pedro:

> Asimismo vosotras, mujeres, estad sujetas a vuestros maridos; para que también los que no creen a la palabra, sean ganados sin palabra por la conducta de sus esposas, considerando vuestra conducta casta y respetuosa (1 P. 3:1-2).

Las realidades del matrimonio

Las esposas solitarias que hemos visto son una pequeña muestra, desde luego, pero es suficiente para desacreditar la idea de que el matrimonio cura la soledad. Sin duda, remedia algunos tipos de soledad, pero el matrimonio tiene su propia característica distintiva. No en balde Pablo escribió: "Digo, pues, a los solteros y a las viudas, que bueno les fuera quedarse como yo... pero [los que se casan] tendrán aflicción de la carne, y yo os la quisiera evitar... Quisiera, pues, que estuvieseis sin congoja" (1 Co. 7:8, 28, 32). Tenía una perspectiva realista de las típicas dificultades matrimoniales:

> Quisiera, pues, que estuvieseis sin congoja. El soltero tiene cuidado de las cosas del Señor, de cómo agradar al Señor; pero el casado tiene cuidado de las cosas del mundo, de cómo agradar a su mujer. Hay asimismo diferencia entre la casada y la doncella. La doncella tiene cuidado de las cosas del Señor, para ser santa así en cuerpo como en espíritu; pero la casada tiene cuidado de las cosas del mundo, de cómo agradar a su marido. Esto lo digo para vuestro provecho; no para tenderos lazo, sino para lo honesto y decente, y para que sin impedimento os acerquéis al Señor (1 Co. 7:32-35).

Si la diferencia de intereses es inherente al matrimonio de dos creyentes (y lo es, según Pablo), entonces, ¿cuánto más caracteriza al matrimonio de un creyente con un incrédulo? Aunque no haya una fricción visible, hay discrepancias en el nivel más profundo del corazón. No importa la composición de un matrimonio en particular, nunca será el remedio para la soledad que prometen las fantasías y los cuentos de hadas.

Nuestro Esposo celestial

Entonces, ¿qué hacemos con esa dosis deprimentemente grande de realidad? Dirigir nuestra mirada a otra realidad, que define mejor la vida que el matrimonio: a nuestro Esposo celestial, el Señor Jesús. Si somos de Él, pertenecemos al pueblo de Dios y juntos conformamos la novia de Cristo. Porque esa es la verdad, este matrimonio eterno nos permite ver nuestro matrimonio terrenal como Dios lo diseñó.

Dios no nos dio el matrimonio como un fin en sí mismo, sino como un reflejo de ese matrimonio supremo, que será mucho mejor que incluso el mejor de los matrimonios felices sobre los que leemos en la literatura popular. El matrimonio entre un hombre y una mujer es un estado temporal, diseñado para que sea un símbolo del matrimonio supremo, que celebraremos en la cena de las bodas del Cordero, cuando Jesús regrese para llevarse a su novia al hogar eterno. Nuestro matrimonio terrenal, que es temporal, nos produce soledad porque nos casamos con una persona pecadora. Y nos produce más soledad cuando esperamos que sea para nosotras lo que jamás Dios destinó que fuera. El matrimonio terrenal es parte del viaje, no el destino. Nuestro mejor matrimonio está por llegar, que es la consumación de todas las cosas y el gozo que nos espera en el cielo nuevo y la tierra nueva.

Nuestro mejor matrimonio está por llegar, que es la consumación de todas las cosas y el gozo que nos espera en el cielo nuevo y la tierra nueva.

"Lo espero con ansias —podrías estar diciendo—, pero mientras tanto, ¿cómo sobrevivo a la soledad que enfrento en mi matrimonio en el aquí y ahora?". Buena pregunta. Muy a menudo, y con razón, nos aconsejan poner nuestra esperanza en lo que sucederá al final de los tiempos, cuando Jesús regrese y finalmente estemos en el cielo, y aunque creemos que es verdad y estamos agradecidas por ello, no parece ayudarnos mucho con nuestro presente. Necesitamos cultivar esa perspectiva a largo plazo. Es la que nos ofrecen las Escrituras, y no porque la esperanza del futuro esté destinada a servir como una especie de ansiolítico emocional para el presente, sino porque somos seres eternos. La mayor parte de nuestro futuro está en la vida venidera. De hecho, nuestro tiempo en la tierra es más corto que un abrir y cerrar de ojos en comparación. Nuestro *presente* tangible nos ciega a la realidad de nuestra eternidad intangible. Sin embargo, es real. Y tener esta realidad en mente pone nuestro matrimonio y el resto de nuestra vida en la perspectiva correcta.

¿Has notado alguna vez que los problemas de tu hogar parecen disminuir cuando sales de la ciudad durante la semana? No es que los problemas sean menos reales; es que estás percibiendo más del mundo de lo que puedes desde casa y, en el proceso, esos problemas domésticos se reducen bajo una perspectiva más amplia. En las Escrituras, obtenemos una visión general, no solo de nuestra propia vida, sino también de los propósitos de Dios para el mundo entero. Y ahí vemos hacia dónde apunta todo. Todo el presente, lo bueno y lo malo, conduce al fin que Dios ha previsto. Ese es nuestro destino y nuestra identidad.

No obstante, las Escrituras también dejan muy claro que esas bendiciones prometidas ya han comenzado para los que están en Cristo, y podemos participar de ellas incluso ahora a través de nuestra unión con Cristo. La soledad en el matrimonio, sea cual sea la causa, conocida o desconocida, disminuye significativamente a medida que comprendemos mejor lo que implica nuestra unión con Cristo. Aunque nos espera la cena de bodas un día futuro, nuestra condición de novia ya está establecida. Incluso ahora estamos comprometidas con Cristo. El matrimonio en la tierra es una sombra temporal —y manchada por el pecado— de nuestro matrimonio eterno, y el esposo que tenemos ahora está destinado a representar a Aquel que tendremos para siempre. Por eso Pablo dio esta instrucción a los esposos:

> Maridos, amad a vuestras mujeres, así como Cristo amó a la iglesia, y se entregó a sí mismo por ella, para santificarla, habiéndola purificado en el lavamiento del agua por la palabra, a fin de presentársela a sí mismo, una iglesia gloriosa, que no tuviese mancha ni arruga ni cosa semejante, sino que fuese santa y sin mancha. Así también los maridos deben amar a sus mujeres como a sus mismos cuerpos. El que ama a su mujer,

> a sí mismo se ama. Porque nadie aborreció jamás a su propia carne, sino que la sustenta y la cuida, como también Cristo a la iglesia, porque somos miembros de su cuerpo, de su carne y de sus huesos. Por esto dejará el hombre a su padre y a su madre, y se unirá a su mujer, y los dos serán una sola carne. Grande es este misterio; mas yo digo esto respecto de Cristo y de la iglesia (Ef. 5:25-32).

¿Lo ves? El matrimonio presente, en la tierra, es un símbolo del matrimonio futuro, en el cielo. Y debido a que es un símbolo, nunca estará a la altura del real. Nuestro esposo nunca nos ofrecerá un amor perfectamente abnegado, ni estará siempre entusiasmado por nuestro crecimiento, ni nos apreciará a fondo; él no puede ser Cristo para nosotras, pues es un pecador, como lo somos nosotras. Verlo como un salvador sustituto es intensificar nuestra soledad.

La realización de una esposa

¿Realmente pensamos que el matrimonio era la respuesta a la vida? Es una tremenda bendición, seguro, y ha sido el diseño de Dios para la mayoría de las personas desde la creación. Una de las principales razones por las que Dios instituyó el matrimonio fue para darnos la bendición de la compañía (Gn. 2:18), pero nunca tuvo la intención de que lo desplazara [a Dios] del corazón del hombre en el proceso. Con demasiada frecuencia vemos a nuestro matrimonio como lo que nos define, y hacemos de él algo que nunca debió ser. Cuando hacemos eso, nuestra sensación de bienestar viaja por la montaña rusa de nuestro matrimonio, entonces, nos sentimos bien cuando el matrimonio está bien y deprimidas cuando no lo está. La forma de salir de esa montaña rusa se encuentra solo en reconocer que nuestra unión con Cristo —ahora, hoy— es más profunda y nos define más incluso que nuestra unión matrimonial.

Entonces, en lugar de pedir a Dios que haga que nuestro matrimonio sea más satisfactorio, pidámosle que obre en él para mostrarnos más de Cristo. Si nos acercamos a nuestro Esposo celestial, encontraremos lo que ningún esposo terrenal puede darnos jamás.

GUÍA DE ESTUDIO

Capítulo 11: La soledad del matrimonio

1. Si estás casada, ¿qué aspectos del matrimonio son diferentes de lo que esperabas? Si eres soltera, ¿cómo cambian las ilustraciones de este capítulo tu punto de vista sobre el matrimonio?

2. ¿Qué es distintivo de la soledad en un matrimonio espiritualmente dispar? Ver 2 Corintios 6:14-18. ¿Qué esperanza ofrece el Nuevo Testamento a las esposas que se sienten solas en un matrimonio así?

3. ¿Cómo modifica nuestra expectativa del matrimonio las realidades de la vida matrimonial que se muestran en 1 Corintios 7? A su vez, ¿cómo podría aliviar parte de nuestra soledad cambiar nuestra expectativa?

4. Conforme a las Escrituras, reflexiona en el propósito de Dios con el matrimonio. Ver especialmente Efesios 5:25-33.

5. ¿Cómo puede nuestra soledad matrimonial servir como una vía para comprender mejor todo lo que tenemos en nuestra unión con Cristo? Menciona algunas formas específicas.

Los vientos intensos del mundo soplan,
la tentación irresistible y fuerte es,
mas tengo paz de saber
que el Salvador mi refugio es.
Me protege del peligro
cuando me abandonan mis amigos.
Él prometió nunca abandonarme,
¡Y nunca solo dejarme!

Cuando en el valle de la aflicción
recorro el camino del afán,
me ayuda el Salvador
mi cruz pesada llevar.
Aunque me rodee la oscuridad,
y el gozo en esta tierra sea esquivo,
me promete el Salvador,
¡que nunca solo me dejará!

Ludie D. Pickett,
"Nunca solo me dejará"

CAPÍTULO 12

LA SOLEDAD DE ESTAR SOLTERA

Cuando me subo a una plataforma para hablar sobre el tema de la soltería (un hecho relativamente común, dado que soy soltera), busco entre la audiencia un determinado tipo de mujer joven. Es la que está acurrucada en su asiento, con la cabeza baja y los brazos cruzados tensamente sobre el torso. Está allí solo porque alguien la instó a asistir; pero ahora que está allí, todo en ella quiere salir corriendo para no tener que escuchar otra charla sobre este tema. Su lenguaje corporal transmite un poco de animosidad y mucho miedo. Ya lo ha escuchado todo de boca de mujeres mayores, algunas casadas, otras solteras. Lo que más teme es a las oradoras solteras, y eso se debe a que tiene miedo de que la temible afección de estar soltera a la edad madura pueda ser contagiosa. Hay al menos una mujer así en cada multitud y, por eso, me aseguro de aclarar al comenzar mis conferencias que las mujeres solteras de cierta edad somos la excepción; el diseño normativo de Dios es el matrimonio.

¿Por qué tantas solteras?

Dado que el matrimonio es la disposición normal de Dios, ¿por qué Dios permite que tantas de nosotras permanezcamos solteras? Hoy día, hay tantas adultas solteras en Estados Unidos como adultas casadas. Una razón es que la vida de las mujeres ha cambiado significativamente en las últimas generaciones. Hace solo unas décadas, la mayoría de las mujeres esperaban establecerse y formar una familia después de completar su educación. Hoy día, las mujeres obtienen los mismos títulos y tienen los mismos trabajos que los hombres, lo que ha llevado a la independencia femenina como en ningún otro momento de la historia. Nadie puede argumentar que eso no haya sido el resultado del amplio reconocimiento de parte de la sociedad de la igualdad entre hombres y mujeres, pero no todos los cambios han sido positivos.

Cómo ha afectado al matrimonio es uno de esos aspectos negativos. A medida que han aumentado las oportunidades para las mujeres, también lo han hecho sus expectativas. Muchas mujeres no están dispuestas a casarse con un hombre que tenga menos educación que ella o con uno que gane menos dinero, por lo que decide no casarse. Lo mismo ocurre a la inversa: muchos hombres no se entusiasman demasiado ante la perspectiva de casarse con una mujer con más educación o mejores ingresos. Hace décadas, una mujer no buscaba tener un currículum impresionante como una forma de generar seguridad, sino encontrar un esposo. En conjunto, la confusión contemporánea de los roles de género ha disminuido la oportunidad de los hombres de ser masculinos y ha privado a las mujeres de una fragilidad femenina que solía ser apreciada. Esto, entre otras cosas, ha contribuido al declive general del matrimonio en la actualidad, y los cristianos no están exentos, aunque no debería ser así. En el Antiguo Testamento, Dios prohibió al profeta Jeremías casarse, como una forma de advertir al pueblo sobre el juicio venidero debido al pecado (Jer. 16:1-4), pero los creyentes de hoy tienen la oportunidad de demostrar exactamente lo contrario:

> Los mandamientos de Dios para Jeremías no son sus mandamientos para la iglesia cristiana. La era del evangelio es

> un tiempo para el matrimonio, un tiempo para la simpatía y un tiempo para el jolgorio... La era del evangelio es un buen momento para casarse. Jeremías 33 promete que en las calles de Jerusalén "ha de oírse aún voz de gozo y de alegría, voz de desposado y voz de desposada" (vv. 10-11). Esta promesa se ha hecho realidad en Jesucristo. No es casualidad que el primer milagro que Jesús realizó fue convertir el agua en vino en una boda (Jn. 2:1-11). Cuando el Salvador viene, es tiempo de bodas y de cánticos.[1]

Dios se deleita en el matrimonio; nuestra cultura en general ya no, al menos, no en el matrimonio como Dios lo define. Esto, junto con el cambio en los roles de género, explica la prevalencia de la soltería.

Dios se deleita en el matrimonio; nuestra cultura en general ya no, al menos, no en el matrimonio como Dios lo define.

Dios determina nuestro destino matrimonial

Entonces, ¿en qué situación nos deja esto? ¿Estamos condenadas a una vida de solitaria soledad porque vivimos en una sociedad moralmente en decadencia o porque las luchas por los derechos de las mujeres hacen que los posibles cónyuges salgan corriendo? De hecho, podríamos permanecer solteras: enfrentemos esa posibilidad cara a cara. Dicho esto, la sociedad definitivamente no determina nuestro estado civil, ni el tuyo ni el mío. Solo Dios lo determina. Él decide quién se casa y quién no. Olvídate de las estadísticas; son una pérdida de tiempo para quienes conocen el carácter de Dios. Si el matrimonio es el plan de Dios para nuestra vida, tarde o temprano

---

1. Philip G. Ryken, *Jeremiah and Lamentations: From Sorrow to Hope*, Preaching the Word, ed. R. Kent Hughes (Wheaton, IL: Crossway, 2016), 270.

nos vamos a casar. De cualquier manera, podemos estar seguras de que la solitaria soledad no es su plan. Nos ha llamado a vivir en comunidad, en una familia de creyentes, y se compromete a colocarnos allí. "Dios hace habitar en familia a los desamparados", declara el salmista (Sal. 68:6). Por lo tanto, la verdadera pregunta no es si terminaremos solas, sino si estamos dispuestas a que la provisión de una comunidad sea otra opción al matrimonio.

Si el matrimonio es el plan de Dios para nuestra vida, tarde o temprano nos vamos a casar.

Entonces, tratar con la soledad de la soltería comienza con nuestro corazón. ¿Confiamos en Dios? No confiaremos en Él si no creemos que Él es bueno, y no me refiero a "bueno" de una manera general. Me refiero a "bueno" con respecto a cómo gobierna los detalles de nuestra vida personal, incluido nuestro estado civil. La soltería para hoy es que Dios es bueno con nosotras hoy. ¿Lo crees? Si es así, eso es confianza real, y no se extinguirá bajo los ataques de nostalgia que nos atormentan a todas de vez en cuando y la soledad que a menudo los desencadena.

Soltera y solitaria

Así como existe una soledad exclusiva del matrimonio, existe una soledad particular de la soltería. Es lo que siente una joven soltera cuando sus amigas se comprometen y comienzan a planear sus bodas, mientras que ella no tiene ninguna perspectiva en el horizonte. Es lo que siente la soltera de treinta y tantos años cuando sus amigas casadas dan a luz mientras su propio reloj biológico comienza a ir más lento. Es lo que siente la mujer de cuarenta años cuando otras se refieren a su potencial para el matrimonio en tiempo pasado: "Me recuerdas a mi tía abuela Betty. Ella nunca se casó tampoco".

La soledad de la soltería se ve alimentada por tales comentarios, así como por la felicidad conyugal que percibimos (o imaginamos) que otros disfrutan. Sin embargo, confiar en Dios cuando escuchamos esos comentarios no tiene que ver con poner una sonrisa pasiva y orar por más paciencia, sino descansar por completo en Cristo y encontrar en el proceso todas las bendiciones de nuestra unión con Él, una unión más profunda y llena de gozo que incluso la del matrimonio. Mientras descansamos en Cristo y confiamos en la bondad de nuestro Padre celestial, la soledad de la soltería se convierte en una oportunidad para edificar a todo el cuerpo de Cristo. *Podemos servir a nuestra comunidad de creyentes y glorificar a Dios, no a pesar de nuestra soltería, sino en virtud de ella.*

Sin lástima, por favor

Primero, a medida que el fruto de permanecer en Cristo se vuelve evidente, tanto para nosotras como para las personas que nos rodean, demostramos que las solteras no son dignas de lástima. El fruto de nuestra fe se evidenciará en la forma en que hablamos de nuestra soltería. Descubriremos que podemos ser debidamente sinceras sobre nuestras dificultades y nuestros anhelos, y de tal manera transmitir que, por mucho que nos encantaría estar casadas, ese sueño no es la sustancia de nuestra esperanza. Practicamos lo que dice la Palabra de Dios: "Mantengamos firme, sin fluctuar, la profesión de nuestra esperanza, porque fiel es el que prometió. Y considerémonos unos a otros para estimularnos al amor y a las buenas obras" (He. 10:23-24). Casadas o solteras, las amistades en la iglesia deben incluir confesiones de esperanza basadas en la verdad de la fidelidad de Dios, y cuando participamos de ese tipo de conversaciones, nos motivamos unas a otras a pensar en los demás y poner nuestros ojos en Dios.

Las personas casadas a menudo sienten lástima de las solteras y, a veces, la incomodidad que acompaña a esos sentimientos puede llevarlas a alejarse de nosotras por completo. Nosotras, las solteras, podemos trabajar hacia la unidad por la forma en que hablamos de nuestra soltería y por la forma en que recibimos los comentarios.

Un amigo pastor, que ha estado felizmente casado desde los veinte años, me dijo una vez: "No sé cómo lo soportas. No puedo imaginar estar soltero". No estaba teniendo lástima de mí, se estaba sincerando sobre sí mismo. Y lejos de que su comentario me llevara a tener lástima de mí misma, tuvo el efecto contrario. Me sentí aprobada porque su sinceridad hablaba tanto de las dificultades de la soltería como de la gracia que Dios ha derramado sobre mí para sobrellevarla.

La soltería no es un problema para resolver

Segundo, mientras permanezcamos en Cristo, dejaremos de ver la soltería como un problema que debe resolverse. He escuchado muchas oraciones de intercesión, que agrupan a las solteras junto con los enfermos y los desahuciados, un error categórico cuando se considera desde una perspectiva bíblica:

> La soltería vivida para la gloria de Dios y el avance de su reino testifica de la completa suficiencia de Cristo para todas las cosas. El cristiano es plenamente bendecido en Cristo, ya sea casado o soltero, rico o pobre, en la bonanza o la adversidad. El llamado distintivo de la soltería dentro de la iglesia da testimonio de esta verdad… Dentro de la iglesia, este mensaje también necesita una nueva articulación. Nuestra juventud está sujeta a un aluvión interminable de mensajes confusos sobre las relaciones y la sexualidad. Nuestra cultura idolatra los deseos insaciables de intimidad sexual y la parafernalia de comodidades materiales. Con este fin, la iglesia cristiana debe ser deliberada en enseñar la visión bíblica tanto para la soltería cristiana como para el matrimonio cristiano. Esto implica no "cristianizar" los deseos relacionales y materiales que predominan en nuestra cultura de tal manera que sean una preocupación por construir familias perfectas y casas espléndidas. Lo que necesitamos es una visión para promover estilos de vida conforme a los principios fundamentales del evangelio, que el reino de Dios está cerca y que la satisfacción

consumada se encuentra finalmente solo en la reconciliación con nuestro Dios en Jesucristo.[2]

Dado que no habrá matrimonio en el cielo, los solteros tienen la oportunidad de mostrar tanto a la iglesia como al mundo a su alrededor un anticipo de cómo será el cielo. ¿Puedes ver cómo la soltería se puede presentar como un símbolo de esperanza en lugar de desesperación? Podemos proyectar esta esperanza a nuestros hermanos y hermanas casados por la forma en que sobrellevamos nuestra soltería, y también podemos mostrar el amor de Cristo a otros solteros que se sienten excluidos de lo mejor que la vida tiene para ofrecer.

La soltería vivida para la gloria de Dios y el avance de su reino testifica de la completa suficiencia de Cristo para todas las cosas.

El hecho de que "Dios hace habitar en familia a los desamparados" (Sal. 68:6) señala algo sobre el carácter de Dios: que se deleita en la familia y en reunir a todos los suyos. De acuerdo con la Palabra de Dios, los cristianos otorgan un gran valor a la familia, pero en la era del nuevo pacto, nuestra era, la familia que las Escrituras enfatizan más que nada es la familia de la iglesia, no el núcleo familiar. Cuando esa prioridad se invierte, estorba en lugar de ayudar a la edificación de la iglesia en general.

Dado el desmoronamiento de la familia en toda la sociedad, sin duda podemos entender por qué las iglesias quieren enfatizar su importancia, pero muchas se inclinan demasiado en esa otra dirección hasta el punto de idolatrar a la familia (padre, madre y tres

2. Barry Danylak, *Redeeming Singleness: How the Storyline of Scripture Affirms the Single Life* (Wheaton, IL: Crossway, 2010), 213-14.

hijos). Si consideramos el énfasis que hacían los apóstoles, vemos que estaba mucho más en la Gran Comisión, la santidad personal y el crecimiento de la familia de la iglesia. Y es de esta familia de la que no debe quedar fuera ningún cristiano.

Sin duda, el pecado y el egoísmo han contribuido a la prevalencia de la soltería en la actualidad. Hay hombres que no quieren madurar y asumir la responsabilidad de liderar una familia, y hay mujeres que esperan a un hombre rico y exitoso mientras pasan por alto a uno piadoso. Sin embargo, permitir que esa triste realidad arroje una luz negativa sobre la soltería es olvidar las palabras de Pablo, que dijo: "Digo, pues, a los solteros y a las viudas, que bueno les fuera quedarse como yo" (1 Co. 7:8). Y es olvidar las palabras de Jesús, que dijo: "Pues hay eunucos que nacieron así del vientre de su madre, y hay eunucos que son hechos eunucos por los hombres, y hay eunucos que a sí mismos se hicieron eunucos por causa del reino de los cielos. El que sea capaz de recibir esto, que lo reciba" (Mt. 19:12).

Los eunucos eran hombres incapaces de experimentar excitación sexual por una u otra razón, por eso Jesús los menciona aquí en Mateo 19 en una conversación con sus discípulos sobre el matrimonio —el único contexto bíblico legítimo para la actividad sexual— y la soltería. Al considerar las implicaciones de sus palabras, vemos que algunas personas están solteras debido a circunstancias fuera de su control, y otras lo eligen. La conclusión es que, cuando se trata de la soltería y el matrimonio, el Nuevo Testamento nos muestra que ninguno está mal y ambos son buenos.

Oportunidades únicas

Tercero, mientras permanecemos en Cristo y descubrimos las riquezas de estar unidas a Él, también descubrimos, a menudo para nuestra sorpresa, las bendiciones únicas que vienen con la soltería. A un nivel meramente práctico, tenemos más control sobre nuestro tiempo que nuestras contrapartes casadas ("más control sobre" es clave aquí para contrarrestar el pensamiento común, pero erróneo, de que las solteras tienen más tiempo en general).

Las solteras también tienen más discreción sobre el uso del dinero. Como mujer soltera, puedo comprar un pollo asado para la cena y, antes de sentarme a comer, disponer de una hora para leer la Biblia. La mayoría de mis amigas casadas dedican esa hora a preparar una comida para la familia, que rara vez incluye un pollo asado (demasiado pequeño para alimentar a toda una familia, pero son cuatro comidas para una mujer soltera). Las solteras pueden vivir más fácilmente sus preferencias personales no solo cuando se trata de comidas, sino también en la planificación de actividades de fin de semana, vacaciones y áreas de servicio en la iglesia y la comunidad.

El mejor privilegio de ser soltera es, con diferencia, la mayor oportunidad de ser discipulada y servir a nuestro Salvador.

Hace un tiempo leí una publicación de blog de una cristiana casada en la que criticaba a las mujeres solteras como egoístas por disfrutar de tales bendiciones. ¿Te imaginas a una cristiana que escriba un artículo similar para las mujeres casadas, y las reprenda por disfrutar de las bendiciones exclusivas del matrimonio? No creo. Las solteras nos animamos unas a otras y glorificamos a Dios cuando identificamos nuestras bendiciones exclusivas, las aceptamos y les damos un buen uso. "Amados hermanos míos, no erréis. Toda buena dádiva y todo don perfecto desciende de lo alto, del Padre de las luces, en el cual no hay mudanza, ni sombra de variación" (Stg. 1:16-17).

El mejor privilegio de ser soltera es, con diferencia, la mayor oportunidad de ser discipulada y servir a nuestro Salvador. Esto más que cualquier otra cosa, incluido el matrimonio, contrarresta nuestra soledad. Como María, tenemos más oportunidades de sentarnos a los pies de Jesús y aprender (Lc. 10:38-42). Al igual que María Magdalena, estamos más expuestas a las maravillas de la resurrección (Jn.

20:11-18). Como Ana, tenemos más movilidad para salir y evangelizar (Lc. 2:38). Como Lidia, tenemos más flexibilidad para usar nuestros hogares y recursos para servir a la iglesia (Hch. 16:15, 40).

Hay cierta satisfacción que proviene de vivir estas ventajas únicas que nuestros hermanos y hermanas casados no pueden aprovechar por completo, y al aceptar estas oportunidades con gratitud, demostramos a toda nuestra comunidad de fe el valor y las recompensas de permanecer solteras.

Bendición a causa de, no a pesar de

Queremos eso, ¿no es cierto? Queremos saber —no en teoría, sino en nuestro corazón y en cada lugar donde vivimos nuestra fe— que valemos, no a pesar de nuestra soltería, sino precisamente *a causa de* estar solteras. Cuando una mujer nunca ha conocido a un hombre dispuesto a conquistarla o quizás un hombre (o más) la ha rechazado, cuestiona fácilmente su valor como persona. Es a esas mujeres a las que Cristo viene, no para reforzar su autoestima, sino para impulsarlas a encontrar en *Él* su valor. Es al valorar a Cristo que nuestro valor personal se vuelve claro y, en el proceso, descubrimos que hemos dejado de definirnos por nuestro estado civil. No necesitamos ser la Sra. Fulana de Tal para tener una identidad respetable. Espiritualmente hablando, ya somos una "Sra." en Cristo. Toda nuestra identidad está ligada a la persona de Cristo, y eso es válido para toda persona creyente, casada o soltera. Todo esto aborda de manera profunda y directa los distintos aspectos de la soledad de los que, en cierto nivel, somos conscientes, pero que no podemos identificar. A medida que tenemos comunión con nuestro Salvador y encontramos nuestra identidad en Él y no en nuestro estado civil, podemos participar más plenamente en nuestra comunidad de fe porque ya no nos sentimos tan vergonzosamente solteras.

Ser soltera para la gloria de Dios

También podemos ayudar a otros dentro de nuestra comunidad de la misma manera, especialmente si la iglesia a la que asistimos tiende a dividir demográficamente a los miembros de la congregación. Sabes a lo que me refiero: está el grupo de solteros (o dos, uno para adultos jóvenes y otro para los mayores de cuarenta años); el pequeño grupo de matrimonios jóvenes; el almuerzo mensual para adultos mayores; y los distintos grupos de jóvenes clasificados por edades. Desde luego, no queremos negar los beneficios positivos de estos subgrupos divididos según su demografía, pero necesitamos ser conscientes de que demasiado énfasis en la demografía oculta la realidad espiritual de que todos en el cuerpo de la iglesia son parte de una familia. No queremos perder de vista lo que dijo Pablo: "Pero ahora son muchos los miembros, pero el cuerpo es uno solo. Ni el ojo puede decir a la mano: No te necesito, ni tampoco la cabeza a los pies: No tengo necesidad de vosotros" (1 Co. 12:20-21). Los miembros casados de la iglesia se benefician de los miembros solteros, y los solteros se benefician de los hombres y las mujeres casados que hay entre ellos. Así es como Cristo quiere que su iglesia prospere.

Sin duda, los grupos de solteros de la iglesia son una bendición; ofrecen el medio ideal para que se formen matrimonios y, a menudo, es donde comienzan amistades que duran toda la vida. Sin embargo, los grupos de solteros pueden ser perjudiciales para la salud espiritual cuando se convierten en su propia pequeña iglesia dentro de la iglesia o cuando toman el lugar del culto dominical. El ministerio de solteros de una iglesia puede, y debe, servir como un punto de entrada al cuerpo de la iglesia principal, pero si se convierte en un fin en sí mismo, nadie se beneficia, en última instancia, ni siquiera los mismos solteros. Los que tienen cuarenta y tantos años y permanecen en el grupo de solteros al que comenzaron a asistir cuando tenían poco más de veinte años, aunque nunca ingresaron al cuerpo de la iglesia principal, con el tiempo se convierten en una especie de grupo de apoyo melancólico para solteros. ¿Puedes ver la ley de rendimientos decrecientes allí? No disminuye nuestra soledad, sino que nos atrinchera más profundamente en ella. La mano necesita del pie, y el ojo necesita del oído. Entonces, en la fortaleza que Cristo nos da (Fil. 4:19), es bueno dejar el capullo protector de lo seguro y familiar —lo fácil y cómodo— y participar en la vida de otros a quienes Dios seguramente nos enviará.

Si eso no te sorprende, puede ser porque, cuando piensas en participar más de la iglesia, lo que te viene a la mente son ciertos ministerios en particular en los cuales tienden a trabajar los solteros o en los cuales la iglesia tiende a colocarlos; por ejemplo, en los programas para niños o en la guardería para dar a las mamás un merecido descanso. Por supuesto, colaborar en el cuidado de los niños de nuestra iglesia no solo resulta útil para las mamás cansadas; también puede servir como bálsamo para la mujer soltera con un corazón de madre dolorido. Sin embargo, eso no es igual para todas las mujeres solteras. Algunas de nosotras no estamos dotadas para trabajar con niños y, ¿adivina qué? Está bien. Tener una preferencia por áreas de servicio distintas al cuidado de los niños no nos hace menos femeninas o útiles para el cuerpo de Cristo. La necesidad no siempre es el llamado, y la oportunidad no siempre es la respuesta, y podemos ser amorosamente sinceras cuando este es nuestro caso. La verdad, si se expresa en amor, genera una comunión que une.

La verdad, si se expresa en amor, genera una comunión que une.

Casadas o solteras, todas tenemos dones particulares, y servimos mejor al cuerpo y encontramos el mayor gozo en servir, cuando descubrimos nuestros dones y los ponemos en práctica. Si Dios no nos ha llamado a formar una familia ni nos ha dado el don de trabajar con niños, podemos estar seguras de que nos ha llamado a algo más, y mientras nos dedicamos a servir a nuestra comunidad de fe, Dios se deleita en mostrarnos de qué manera única nos ha dotado para promover nuestro gozo, el bien de la iglesia y su propia gloria.

En la economía de Dios, la soltería no es la segunda mejor opción. Al contrario, es un llamado privilegiado con bendiciones únicas para disfrutar y dar a los demás. ¿Estamos dispuestas a eso a menos que, o hasta que, Dios nos llame al matrimonio? Dile que estás dispuesta y, si aún no lo estás, pídele que te ayude a estarlo. No tienes nada que perder excepto la soledad.

Una vida que vale la pena vivir

"No hay nada que perder excepto la soledad": estas palabras no son solo un resumen trillado de un capítulo sobre la soltería y la soledad. Esas palabras son ciertas. Lo sé, porque lo he comprobado. Al principio de mi vida, la soltería era solo un sinónimo de decepción (sin mencionar la frustración con una dosis ocasional de amargura). Durante esa temporada, dediqué mi vida a tratar de cambiar mi estado civil; pero, como sucede cada vez que nos embarcamos en aventuras sin Dios, solo me llevó a más decepciones. Sin embargo, una noche, Dios en su gracia me llevó al final de mí misma. Recuerdo cada detalle de esa noche, cómo estaba sentada sola en mi apartamento oscuro enfrentando el final de lo que había sido una relación prometedora. Oré: "Dios, si el matrimonio no es el plan por ahora, ¿cuál es? Sabes lo que siempre he querido, pero ahora te pregunto, ¿qué quieres hacer *tú* con mi vida?".

Sorprendentemente, la resignación deprimente con la que había comenzado la oración se fue cuando terminé de orar y, en cambio, me invadió una expectativa llena de esperanza y confianza. Había orado por eso antes, pero hubo algo diferente esta vez, lo había dicho en serio. Solo Dios podría haberme llevado a esa situación. Y lo hizo.

Después, en muy poco tiempo, aparecieron nuevas oportunidades: un trabajo que me ha dado satisfacción y verdadera plenitud desde entonces. Claro que todavía quedan horas y días de soledad, pero desde aquella noche lejana, la soledad dejó de ser el tema predominante en mi vida. El trabajo que hago es solo una pequeña parte de la razón; es que durante la oración que hice aquella noche, mi corazón se abrió mucho más al señorío de Cristo. La bendición que encuentro en mi trabajo y la satisfacción que conozco derivan directamente de eso.

Me ayudó en ese entonces una mujer piadosa que había recorrido el camino de la soltería durante décadas. Observé cómo vivía, en entrega de su vida a Cristo y al servicio de la iglesia de la que ambas formábamos parte. Tenía muy pocos bienes materiales, pero parecía no darse cuenta ni importarle. No sé cómo se sentía con su soltería, porque nunca hablaba de sí misma. De alguna manera, las conversaciones *con* ella nunca fueron *sobre* ella.

Hace unos años, llegó a la edad de jubilación e hizo planes para dejar su cargo en la iglesia al entrar en esta nueva etapa de su vida. Cuando escuché la noticia, le agradecí a Dios por haberla incluido en mi vida todos esos años antes, un ejemplo de soltería gozosa década tras década para la gloria de Dios. Así que puedes imaginar mi sorpresa cuando me enteré de que estaba comprometida para casarse. Un anciano viudo había entrado en su vida y la había conquistado. Era la novia más radiante que he visto en mi vida, y el resplandor no se desvaneció cuando finalizó la boda. Su esposo la adoraba y le prodigaba su amor, así como bendiciones materiales como jamás imaginó.

Dios se deleita en bendecir a los que ponen su confianza en Él.

Así que ya conoces mi historia. Y la historia de mi amiga. Ambas revelan que Dios se deleita en bendecir a los que ponen su confianza en Él. Ambas revelan que Él no es insensible al estigma de estar solas y a la soledad que eso conlleva. Todavía estoy haciendo mi camino, y sin duda aún no he llegado al final. Sin embargo, soltera o casada, quiero vivir la vida como mi amiga, que encontró verdaderas las palabras de un profeta soltero:

> Por la misericordia de Jehová no hemos sido consumidos,
> porque nunca decayeron sus misericordias.
> Nuevas son cada mañana; grande es tu fidelidad.
> Mi porción es Jehová, dijo mi alma; por tanto, en él
> esperaré (Lm. 3:22-24).

¿Y tú?

GUÍA DE ESTUDIO

Capítulo 12: La soledad de estar soltera

1. Analiza las diversas razones por las que la soltería prevalccc tanto en la actualidad. ¿Cómo influye el carácter de Dios en lo que vemos?

2. ¿Cuáles son las implicaciones de Salmos 68:6?

3. Reflexiona sobre la afirmación de la página 145: "Podemos servir a nuestra comunidad de creyentes y glorificar a Dios, no a pesar de nuestra soltería, sino en virtud de ella".

4. ¿Qué aspecto de nuestra unión con Cristo transforma nuestra visión de nuestro estado civil?

5. Reflexiona sobre algunas de las bendiciones exclusivas de ser soltera.

PARTE 3

SOLEDAD REDIMIDA

De la Iglesia el fundamento es Jesús el Salvador;
por la obra de su gracia le dio vida su Señor;
para hacerla esposa suya de los cielos descendió,
y su sangre por limpiarla en la cruz Él derramó.

De entre todas las naciones escogida en variedad,
a través de las edades se presenta en unidad;
en diversidad de pueblos solo tiene un Señor,
una fe y un nacimiento, un constante y puro amor.

Ella alaba solo un nombre, sigue una sola luz;
guarda una esperanza y su gloria es una cruz.
Por el celo que la anima, de las almas corre en pos,
y ambiciona por la gracia conducirlas hacia Dios.

A través de sufrimientos, de fatigas y dolor,
el glorioso día espera en que vuelva su Señor;
consumada su carrera, ya sin mancha estará;
a las bodas del Cordero victoriosa entrará.

Samuel J. Stone,
"De la Iglesia el fundamento"

CAPÍTULO 13

EN LA FAMILIA DEL PUEBLO DE DIOS

"La iglesia, como institución, es muy anticuada —afirman algunos hoy—. Necesitamos soltar la iglesia y comenzar a *ser* la iglesia". ¿Has oído eso últimamente? Está en boga. Y viene de la boca de personas desilusionadas, que han sido testigos de otro escándalo más entre tantos en el liderazgo. Viene también de aquellos que no tienen revelación bíblica clara o no la quieren tener. Un número cada vez mayor de personas desea redefinir a Jesús según las normas culturales de hoy para que puedan sentirse cómodos y no tener que enfrentar la realidad del pecado.

Cuando la Iglesia deja de ser Iglesia

Lamentablemente, ha habido numerosos escándalos de alto perfil en los últimos años, que deshonran a Cristo y dañan la reputación de la Iglesia en general. Sin embargo, aún más frecuente es el efecto destructivo provocado por las iglesias que se desvían de las Escrituras en un intento de hacer que Jesús sea más relevante para la actualidad.

Allí encontramos a un Jesús cuyo amor nunca condenaría el estilo de vida de nuestra elección. Quienes promueven este tipo de

Jesús desean hacer de la iglesia un lugar seguro para los solitarios y marginados, pero en el proceso terminan fomentando el mismo problema que desean resolver. Un autor conocido escribió recientemente:

> Ya es hora de que los cristianos abran sus brazos, sus iglesias, sus mesas, sus hogares a la comunidad LGBT... Aquí están mis brazos abiertos de par en par. Tan ancho que hasta el último de ustedes puede entrar. Eres muy estimado, amado, preciado e importante. Tu vida es importante, eres muy valioso y hermoso. "No hay nada malo en ti" o, en todo caso, nada más correcto o incorrecto que en cualquiera de nosotros, lo que quiere decir que todos estamos irremediablemente rotos, pero Jesús aún nos ama más allá de toda razón y vive para darnos una vida nueva, restaurarnos y sanarnos. ¡Viva Jesús![1]

Un número cada vez mayor de personas desea redefinir a Jesús según las normas culturales de hoy para que puedan sentirse cómodos y no tener que enfrentar la realidad del pecado.

El autor tiene toda la razón sobre la necesidad de mostrar el amor de Cristo a los perdidos, sin importar el pecado que los caracterice. Sin embargo, se desvía del texto bíblico y guía a los perdidos directamente al infierno cuando les dice: "No hay nada malo en ti". Tal pensamiento, en realidad, empaña al verdadero Jesús, a quien los marginados necesitan con tanta desesperación:

---

1. Jen Hatmaker, publicación de Facebook, 23 de abril de 2016, https://www.facebook.com/permalink.php?story _fbid=946752262090436&id=203920953040241.

> Es agotador (sin mencionar que es triste) ver a los líderes cristianos decir a las personas que naces siendo quien eres, como eres, y que eso está bien. No hay nada malo en ti. En esencia dicen que todos nacen inherentemente buenos; pero esa es una actitud peligrosamente engañosa. Entonces, ¿de qué sirven las Buenas Nuevas si todos nacen bien y de mil maravillas? ¿Qué sentido tiene el sufrimiento y la muerte de Jesús en la cruz? Cristo murió no solo por amor a nosotros, sino también para pagar el precio de nuestro pecado y conquistar nuestra humanidad rota.[2]

Las iglesias que proclaman la inclusión sin arrepentimiento —un número creciente— no están proclamando el verdadero evangelio; por lo tanto, no son iglesias verdaderas. Las únicas iglesias verdaderas son las que siguen el modelo del Nuevo Testamento, y es en esas iglesias donde los solitarios y marginados encuentran el perdón, la limpieza del pecado y el sentido de pertenencia que anhelan.

Las iglesias que proclaman la inclusión sin arrepentimiento... no están proclamando el verdadero evangelio.

No lo encontrarán en un entorno basado en el entretenimiento, que busca presentar un Jesús cordial, poco definido y culturalmente relevante. Cuando las principales prioridades son el empoderamiento personal y que cada uno se sienta bien consigo mismo, el verdadero evangelio y la gloria de Dios pasan a un segundo plano. Como alguien dijo sabiamente sobre los esfuerzos para atraer a los

---

2. Chelsen Vicari, "Jen Hatmaker, Blurry Lines, and Transformative Truth", Faith and Chelsen (blog), 26 de abril de 2016,http://www.patheos.com/blogs/faithchelsen/2016/04/jen-hatmaker-blurry-lines-and-transformative-truth/.

perdidos, el mensaje que usas para ganarlos determina quiénes serán después. Reinventar la iglesia en un supuesto espacio seguro o zona libre de juicios no gana nada de valor eterno para nadie.

Recuerdo que una vez le pregunté a uno de estos prominentes pastores:

—¿Crees que la Palabra y el Espíritu son suficientes para cambiar las vidas?

—Hasta cierto punto —respondió.

Muy triste. El Señor del universo no necesita ayuda ni bombo y platillo del hombre. Él es poderoso para salvar. Por eso, todas estas supuestas formas de atracción realmente no importan y no es lo que necesitan los perdidos. Y los solitarios que deambulan por tales iglesias en busca de la "familia" que Dios ofrece en el Salmo 68:6 se irán desilusionados. Los perdidos y los solitarios necesitan a Jesús —el verdadero—, y necesitan iglesias que lo proclamen como lo hacen las Escrituras. Una iglesia real como se establece en el Nuevo Testamento no es un grupo de apoyo. No es un club social ni un centro de asesoramiento. Es una familia de pecadores redimidos, que tienen a Dios como Padre a través de su unión con Jesucristo. Es un cuerpo unido por el Espíritu Santo para que todos juntos sean edificados, fortalecidos y amados. La iglesia es idea de Dios. Es su protección y providencia para su pueblo. Espiritualmente hablando, no crecemos bien si vivimos aislados. Dios planeó que crezcamos en comunión con otros creyentes, pecadores que interactúan con otros pecadores, y que dan y reciben el amor de Cristo. En esta vida aquí en la tierra, la iglesia es el ámbito donde se redime la soledad.

Vitalmente relacionados

La iglesia también es el lugar donde debemos usar nuestros dones y talentos personales. Cuando estamos unidos a Cristo por la fe, el Espíritu nos empodera con dones especiales. Estos dones no se asignan para beneficio individual, sino para el beneficio de todos. En otras palabras, nuestros dones espirituales tienen un propósito específico que proviene de Dios:

> Ahora bien, hay diversidad de dones, pero el Espíritu es el mismo. Y hay diversidad de ministerios, pero el Señor es el mismo. Y hay diversidad de operaciones, pero Dios, que hace todas las cosas en todos, es el mismo. Pero a cada uno le es dada la manifestación del Espíritu *para provecho* [de todos] (1 Co. 12:4-7).

¿Estás comenzando a ver por qué la iglesia, como Dios la diseñó, es el lugar donde nuestra soledad puede ser redimida? No tenemos que avergonzarnos del profundo anhelo de nuestro corazón de relacionarnos con otros. Dios nos diseñó para anhelar eso:

> Mas ahora Dios ha colocado los miembros cada uno de ellos en el cuerpo, como él quiso. Porque si todos fueran un solo miembro, ¿dónde estaría el cuerpo? Pero ahora son muchos los miembros, pero el cuerpo es uno solo. Ni el ojo puede decir a la mano: No te necesito, ni tampoco la cabeza a los pies: No tengo necesidad de vosotros (1 Co. 12:18-21).

Cualquiera que sea nuestro don particular —de alto o bajo perfil— es importante, es de valor. Y si no lo usamos en la iglesia local a la que Dios nos ha llamado, todos en esa iglesia serán los más perjudicados.

Consolados cuando estamos juntos

Por el diseño de Dios, somos miembros los unos de los otros. Por eso, no solo nuestros dones, sino también nuestras alegrías y nuestras tristezas están destinadas a vivirse en comunión con otros creyentes. "De manera que si un miembro padece, todos los miembros se duelen con él, y si un miembro recibe honra, todos los miembros con él se gozan", dijo Pablo (1 Co. 12:26). Dios promete consolarnos cuando llegue el sufrimiento, y una de las principales formas de hacerlo es a través del amor y el apoyo de los que conforman nuestra comunidad de fe. Esto, a su vez, nos capacita para consolar a otros que pasan por pruebas similares:

> Bendito sea el Dios y Padre de nuestro Señor Jesucristo, Padre de misericordias y Dios de toda consolación, el cual nos consuela en todas nuestras tribulaciones, para que podamos también nosotros consolar a los que están en cualquier tribulación, por medio de la consolación con que nosotros somos consolados por Dios. Porque de la manera que abundan en nosotros las aflicciones de Cristo, así abunda también por el mismo Cristo nuestra consolación (2 Co. 1:3-5).

Dios tiene la intención de que experimentemos su consuelo principalmente en la comunión con otros creyentes.

Dios tiene la intención de que experimentemos su consuelo principalmente en la comunión con otros creyentes.

Intimidad con Cristo

Puede parecer contradictorio, pero de acuerdo con la oración de Jesús —al orar primero por sus discípulos y luego también por nosotros—, nosotros, como individuos, experimentamos una unidad más plena con Él cuando vivimos juntos con otros creyentes:

> Mas no ruego solamente por estos, sino también por los que han de creer en mí por la palabra de ellos, para que todos sean uno; como tú, oh Padre, en mí, y yo en ti, que también ellos sean uno en nosotros; para que el mundo crea que tú me enviaste (Jn. 17:20-21).

Y según Pablo, no conocemos mejor el amor protector de Cristo cuando estamos solos, sino como parte de la iglesia:

> Porque nadie aborreció jamás a su propia carne, sino que la sustenta y la cuida, como también Cristo a la iglesia, porque somos miembros de su cuerpo, de su carne y de sus huesos (Ef. 5:29-30).

La iglesia es también el ámbito donde llegamos a conocer el carácter de nuestro Dios: Padre, Hijo y Espíritu Santo. Por supuesto, crecemos en nuestra comprensión de Dios a medida que leemos su Palabra en nuestras horas de quietud, pero Dios ha dotado especialmente a algunos con la capacidad y el llamado de enseñar su Palabra al resto de nosotros. Es muy fácil adoptar pensamientos erróneos acerca de Dios cuando confiamos únicamente en nuestros devocionales privados, razón por la cual debemos colocarnos debajo de aquellos a quienes Dios ha levantado para ese propósito. "Ninguna profecía de la Escritura es de interpretación privada", escribió Pedro (2 P. 1:20).

Prioridades, prioridades...

Eso es solo una pequeña muestra de todo lo que vemos en las Escrituras sobre la necesidad de participar en una iglesia. La participación en una iglesia local es la voluntad de Dios para nuestra vida. Permíteme decirlo nuevamente: *la participación en una iglesia local es la voluntad de Dios para nuestra vida*. Es allí donde estamos destinadas a servirnos unas a otras. Es la forma principal en que crecemos en nuestra fe. Si hemos estado manteniendo nuestra comunión local a distancia, tal vez nuestros recientes ataques de soledad sean un impulso del Espíritu para llevarnos otra vez a la iglesia. Las excusas para mantenernos alejadas siempre son fáciles de encontrar: música nueva, música antigua, demasiado temprano, demasiado tarde, estilo de predicación, formato de oración, no suficiente de esto, demasiado de aquello. Por supuesto que hay razones válidas para dejar una iglesia, pero el llamado a dejar una comunidad en particular, definitivamente, no es un llamado a dejar de congregarnos:

> Y considerémonos unos a otros para estimularnos al amor y a las buenas obras; *no dejando de congregarnos*, como algunos tienen por costumbre, sino exhortándonos; y tanto más, cuanto veis que aquel día se acerca (He. 10:24-25).

La participación en una iglesia en particular, en un lugar en particular, es una prioridad máxima en términos bíblicos. Si lo ubicamos al final de nuestra lista de prioridades personales, nos perderemos las bendiciones de esta providencia divinamente designada para nuestra soledad. Si las decisiones que hemos tomado sobre una casa, un trabajo o cualquier otra cosa nos han aislado de una iglesia bíblicamente sólida, entonces vale la pena cambiar nuestra vida para recuperarla. Si lo hacemos, de seguro recibiremos lo que Jesús prometió:

> De cierto os digo que no hay ninguno que haya dejado casa, o hermanos, o hermanas, o padre, o madre, o mujer, o hijos, o tierras, por causa de mí y del evangelio, que no reciba cien veces más ahora en este tiempo; casas, hermanos, hermanas, madres, hijos, y tierras, con persecuciones; y en el siglo venidero la vida eterna (Mr. 10:29-30).

GUÍA DE ESTUDIO

Capítulo 13: En la familia del pueblo de Dios

1. ¿Cuál es tu visión de la iglesia y qué ha moldeado tu visión?

2. Basada en los pasajes cubiertos en este capítulo, ¿por qué la participación en la iglesia es una necesidad para los creyentes?

3. Repasa 1 Corintios 12:1-31. ¿De qué manera particular has sido dotada para participar en la edificación del cuerpo de Cristo? ¿Cómo estás usando tus dones? Reflexiona sobre el efecto que tu servicio ha tenido sobre tu soledad.

4. ¿Qué características son necesarias para que una iglesia sea considerada bíblicamente sólida? Da tu respuesta a partir de pasajes específicos del Nuevo Testamento.

5. ¿Es la falta de participación en la iglesia un factor principal en tu soledad? Si es así, ¿qué harás para cambiar eso? ¿Cuándo harás esos cambios y quién vigilará que los hagas?

¡Oh, santo Jesús, cómo te han ofendido!
¿Ese hombre con odio juzgarte ha pretendido?
El rechazo de tu pueblo soportaste, y la burla de tus
enemigos
¡oh, cuán afligido!

¿Quién te hizo esto? ¿Quién es el culpable?
¡Ay! Mi traición, Jesús, inimaginable.
¡Fui yo, Señor Jesús! ¡Yo te he negado!
Yo te he crucificado.

El Buen Pastor por las ovejas se ofrece;
el esclavo ha pecado, y el Hijo padece;
por la expiación del hombre, que ni se estremece,
Dios intercede.

Por mí, buen Jesús, fue tu encarnación,
la ofrenda de tu vida, y el dolor de la expiación,
tu muerte en angustia y tu amarga pasión,
por mi salvación.

Por eso, buen Jesús, como pagarte no puedo,
te adoro, y a ti ruego,
piensa en tu piedad y en tu amor eterno,
que no merezco.

Johann Heerman,
"¡Oh, santo Jesús, cómo te han ofendido!"

CONCLUSIÓN

VARÓN DE DOLORES

Jóvenes o viejos, solteros o casados, hombre o mujer, nadie escapa a la soledad, al menos, no en esta vida; pero la realidad de nuestra soledad no es del todo sombría. De hecho, como hemos visto en los trece capítulos anteriores, en realidad es una oportunidad y una señal de esperanza. Nuestra soledad resalta el hecho de que nos falta algo. Si recibiéramos todo lo que siempre quisimos en el aquí y ahora, si todas nuestras circunstancias se acomodaran a nuestros deseos, la verdad es que aun así estaríamos solas. A fin de cuentas, nuestras circunstancias menos que perfectas no son la razón por la que nos sentimos solas; nuestras circunstancias solo sacan a relucir la soledad que ya existe. Está allí porque en este momento, en esta vida, todavía no estamos en nuestro hogar final. La soledad no será erradicada hasta que finalmente estemos en nuestro hogar celestial, completamente libres de la presencia del pecado, tanto el nuestro como el de los demás, y en la presencia del Señor. Dios nos creó de tal manera que estamos completas solo en y con Él, por lo tanto, no será hasta que hayamos sido perfeccionadas en la gloria que estaremos libres para siempre del sentimiento de que nos falta algo, ese sentimiento que llamamos "soledad".

La respuesta a todo

Aunque esa plenitud nos espera en un día futuro, el proceso de erradicar nuestra soledad comienza en el momento en que venimos a Cristo, porque estamos unidas a Él. Estamos *en* Él. ¿Sabes lo que significa estar "en Cristo"? El Nuevo Testamento abunda en detalles de todo lo que significa, y todo habla directamente a nuestra soledad.

La soledad no será erradicada hasta que finalmente estemos en nuestro hogar celestial.

El pecado nos deja solas, pero, en Cristo, el castigo y el poder del pecado se rompen y su presencia ya comienza a esfumarse:

> Ahora, pues, ninguna condenación hay para los que están en Cristo Jesús, los que no andan conforme a la carne, sino conforme al Espíritu. Porque la ley del Espíritu de vida en Cristo Jesús me ha librado de la ley del pecado y de la muerte (Ro. 8:1-2).

No ser amadas nos hace sentir solas, pero en Cristo somos completamente amadas:

> ¿Quién nos separará del amor de Cristo? ¿Tribulación, o angustia, o persecución, o hambre, o desnudez, o peligro, o espada?… Antes, en todas estas cosas somos más que vencedores por medio de aquel que nos amó. Por lo cual estoy seguro de que ni la muerte, ni la vida, ni ángeles, ni principados, ni potestades, ni lo presente, ni lo por venir, ni lo alto, ni lo profundo, ni ninguna otra cosa creada nos podrá separar del amor de Dios, que es en Cristo Jesús Señor nuestro (Ro. 8:35-39).

Las malas decisiones que tomamos nos aíslan de los demás e intensifican la soledad, pero en Cristo tenemos sabiduría:

> Sino que lo necio del mundo escogió Dios, para avergonzar a los sabios; y lo débil del mundo escogió Dios, para avergonzar a lo fuerte; y lo vil del mundo y lo menospreciado escogió Dios, y lo que no es, para deshacer lo que es, a fin de que nadie se jacte en su presencia. Mas por él estáis vosotros en Cristo Jesús, el cual nos ha sido hecho por Dios sabiduría, justificación, santificación y redención (1 Co. 1:27-30).

El sufrimiento nos rompe el corazón, pero, en Cristo, la soledad de tener el corazón roto se transforma:

> Bendito sea el Dios y Padre de nuestro Señor Jesucristo, Padre de misericordias y Dios de toda consolación, el cual nos consuela en todas nuestras tribulaciones, para que podamos también nosotros consolar a los que están en cualquier tribulación, por medio de la consolación con que nosotros somos consolados por Dios. Porque de la manera que abundan en nosotros las aflicciones de Cristo, así abunda también por el mismo Cristo nuestra consolación (2 Co. 1:3-5).

Nuestro lamentable pasado puede atrincherarnos en la soledad de la vergüenza, y definir demasiado fácilmente tanto nuestro presente como nuestro futuro, pero en Cristo el pasado pierde su control sobre nuestra vida:

> De modo que si alguno está en Cristo, nueva criatura es; las cosas viejas pasaron; he aquí todas son hechas nuevas (2 Co. 5:17).

El abandono de un padre o de alguien a quien amamos nos hunde en la soledad, pero, en Cristo, Dios pasa a ser nuestro Padre, y Él nunca nos dejará:

> Pues todos sois hijos de Dios por la fe en Cristo Jesús (Gá. 3:26).

Quedarnos fuera de la lista de invitados genera la soledad de no sentirnos queridas, pero Dios nos escogió para que seamos de Él:

> Bendito sea el Dios y Padre de nuestro Señor Jesucristo, que nos bendijo con toda bendición espiritual en los lugares celestiales en Cristo, según nos escogió en él antes de la fundación del mundo, para que fuésemos santos y sin mancha delante de él, en amor habiéndonos predestinado para ser adoptados hijos suyos por medio de Jesucristo, según el puro afecto de su voluntad, para alabanza de la gloria de su gracia, con la cual nos hizo aceptos en el Amado (Ef. 1:3-6).

Cuando nadie aprecia lo que hacemos, sentimos la soledad de no importarle a nadie, pero, en Cristo, nuestro servicio tiene valor eterno:

> Porque somos hechura suya, creados en Cristo Jesús para buenas obras, las cuales Dios preparó de antemano para que anduviésemos en ellas (Ef. 2:10).

Incluso cuando estamos aisladas de amistades, familiares o personas en general, nunca estamos realmente solas:

> Pero ahora en Cristo Jesús, vosotros que en otro tiempo estabais lejos, habéis sido hechos cercanos por la sangre de Cristo (Ef. 2:13).

Jesús nos entiende porque ha estado en nuestra misma situación

Podríamos seguir hablando sin límite sobre todas las bendiciones de estar en Cristo, pero el objetivo aquí es mostrar cómo nuestra unión con Él es el principio del fin de nuestra soledad. Jesús se deleita en buscarnos en nuestra soledad y darse a sí mismo. Después de todo, Él sabe lo que significa estar solo:

> Despreciado y desechado entre los hombres, varón de dolores, experimentado en quebranto; y como que escondimos de él el rostro, fue menospreciado, y no lo estimamos (Is. 53:3).

La gente lo odiaba mientras estuvo en esta tierra, y la gente todavía lo odia hoy. Sin embargo, continúa dando amor a sus enemigos. Eligió la soledad para aliviar la nuestra. Llevó toda nuestra soledad en la cruz, donde lo dejaron morir solo, separado incluso de su amado Padre. Jesús conoce la agonía de la soledad, de quedarse completamente solo, como escuchamos en su clamor desde la cruz: "Dios mío, Dios mío, ¿por qué me has desamparado?" (Mt. 27:46). Porque Él estuvo desamparado, nosotros no lo estamos. Puede que la gente nos rechace, pero el que más importa, Dios mismo, nunca nos abandonará.

A diferencia de Jesús, traemos una buena parte de nuestra soledad a través del pecado y el egoísmo. A diferencia de Jesús, merecemos estar solas. Quedarse sola es la debida consecuencia del pecado, pero Cristo no nos ha dejado en esa situación. Ha venido a rescatarnos de nosotras mismas y de todo lo que hacemos para destruir nuestras vidas y nuestras relaciones. Él se da a sí mismo cuando las personas que amamos nos abandonan y llena de sí mismo el vacío que ninguna persona ni circunstancia en esta vida podrá llenar jamás: ese lugar doloroso de nuestro corazón que llamamos "soledad". Durante su vida terrena y en su muerte en la cruz, Jesús *experimentó* la soledad por nosotras. Ahora está nuevamente con su Padre y vendrá para llevarnos allí también. Concluye la lectura de este libro con las palabras de Jesús a los corazones solitarios:

> No se turbe vuestro corazón; creéis en Dios, creed también en mí. En la casa de mi Padre muchas moradas hay; si así no fuera, yo os lo hubiera dicho; voy, pues, a preparar lugar para vosotros. Y si me fuere y os preparare lugar, vendré otra vez, y os tomaré a mí mismo, para que donde yo estoy, vosotros también estéis... Yo soy el camino, y la verdad, y la vida (Jn. 14:1-3, 6).

ÍNDICE DE LAS ESCRITURAS